I libri di Luciano De Crescenzo

Luciano De Crescenzo

STORIA DELLA FILOSOFIA MODERNA

Da Niccolò Cusano a Galileo Galilei

i Libri di Paolo Caruso

MONDADORI

Dello stesso autore
nella collezione I libri di Luciano De Crescenzo

Così parlò Bellavista
Raffaele
Zio Cardellino
Oi Dialogoi
Storia della filosofia greca - I
Storia della filosofia greca - II
Vita di Luciano De Crescenzo scritta da lui medesimo
Elena, Elena, amore mio
I miti dell'amore
I miti degli eroi
I miti degli Dei
I miti della guerra di Troia
Croce e delizia
Usciti in fantasia
Panta rei
Ordine e Disordine
Nessuno
Il tempo e la felicità
Le donne sono diverse
La distrazione
Tale e quale
Storia della filosofia medioevale

nella collezione Passepartout
Il dubbio
Socrate
Sembra ieri

nella collezione I grandi miti greci a fumetti
L'amore
La creazione del mondo

nella collezione Illustrati
La Napoli di Bellavista

nella collezione Supermiti
I grandi miti greci

Il nostro indirizzo Internet è:
http://www.mondadori.com/libri

ISBN 88-04-51203-2

I edizione maggio 2003

Indice

Storia della filosofia moderna

Burlarsi della filosofia è veramente filosofare.
Blaise Pascal, *Pensieri*, 4.

Premessa

Quando si dice rivoluzione, chissà perché, si pensa subito alla fine del Settecento o all'inizio del Novecento, e quindi alla Rivoluzione francese o a quella russa, e mai, dico mai, agli anni del XV e del XVI secolo. Eppure, i maggiori cambiamenti avvennero proprio in quell'epoca. Cito a caso, così come mi vengono in mente, le aree culturali e gli uomini che le caratterizzarono: la filosofia con Marsilio Ficino e Francesco Bacone, la geografia con Cristoforo Colombo e Amerigo Vespucci, l'astronomia con Copernico, Tycho Brahe, Keplero e Galilei, la politica con Machiavelli e Guicciardini, la nascita della stampa con Giovanni Gutenberg, l'arte con Leonardo, Raffaello e Michelangelo, l'invenzione della prospettiva con il Brunelleschi e Leon Battista Alberti, la religione con Martin Lutero, Zwingli e Calvino, e chissà quanti altri ancora che in questo momento mi sfuggono. Ebbene, perché si sappia, tutto questo è passato alla storia col nome di Umanesimo e di Rinascimento.

Per alcuni l'Umanesimo è stato un periodo storico, iniziato nel Quattrocento, nel corso del quale vennero rivalutate le materie umanistiche e quindi i classici latini e greci. Per altri, invece, è la rivalutazione dell'uomo in quanto uomo. Per i primi non si poteva ignorare quanto avevano detto Socrate, Platone, Aristotele, Cicerone, Tacito e Seneca. Per i secondi, invece, era stato Dio a farsi più in là per lasciare spazio all'uomo e alle sue invenzioni. Non a caso, proprio in quegli anni uscì il *De hominis dignitate* di Pico della Mirandola.

Lo slogan del Medioevo era stato «*Siamo nati per soffrire*» (che derivava dalla concezione dell'uomo «pellegrino in una valle di lacrime»), quello del Rinascimento il ritornello «*Chi vuol esser lieto, sia*» di Lorenzo il Magnifico (che derivava dal concetto del «*carpe diem*» di Orazio) e questo già la dice lunga su quali differenze ci fossero tra i due periodi. Erasmo da Rotterdam un giorno, in una lettera a un amico, confessa di essere stanco di vivere e dice: «*Essendo entrato nel cinquantesimo anno credo di aver vissuto abbastanza. Purtuttavia mi piacerebbe tornare giovane, almeno per qualche anno, perché vedo spuntare intorno a me un secolo d'oro*». La vita, infatti, tornò a essere fatta di evasione, cultura, gioco e passeggiate con gli amici. Magari all'inizio l'individuo era ancora un pochino timido e impacciato, poi però, man mano che passarono gli anni, cominciò a ragionare con la propria testa e divenne, a detta dello storico Giovanni Huizinga, un «*bel giocattolo nelle mani di Dio*».

Fino a quel momento l'unico uomo che sapesse leggere e scrivere era stato il monaco o il prete, che, oltre a dire messa, aveva fatto il medico, lo psicanalista e il farmacista. Mai, però, lo scienziato, anche perché la scienza non era ben vista dalle autorità ecclesiastiche. Ma abbinata alla rivoluzione culturale ci fu quella sociale. Cominciarono ad affacciarsi alla ribalta le classi più povere, ovvero le classi dei lavoratori. Nacquero così le industrie tessili, quelle metallurgiche e quelle vetrarie. Per non parlare dei progressi fatti nell'edilizia e nelle costruzioni navali. La scuola, infine, conquistò la *disputatio*, ovvero la possibilità da parte degli studenti di mettere in dubbio quanto avevano appena udito dal *magister* e di dirglielo davanti a tutti.

All'epoca, in Italia, gli Stati che contavano erano cinque e precisamente il Regno di Napoli, Venezia, Milano, Firenze e la Chiesa. Quest'ultima non si limitava alle sole mura vaticane, ma governava su una vasta area comprendente il Lazio, le Marche, una parte dell'Emilia, la Romagna e l'Umbria. Le varie corti, a cominciare da quelle dei Medici e degli Sforza, non potevano ignorare le autorità ecclesiastiche e quindi finivano col subirne il potere. Durante il Medioevo la Fede aveva battuto la Ragione due a zero. Il percorso obbligato per un cattolico era casa e chiesa, chiesa e casa, e guai ad allontanarsi anche di un metro. Ma a Napoli si dice: «*Dalli e dalli, si scassano pure i metalli*», il che, tradotto in italiano, vuol dire: «A forza d'insistere, si piegano anche i metalli». E così un bel giorno la Ragione riuscì a pareggiare. Il primo gol lo segnò Niccolò Cusano.

Niccolò Cusano (1401 - 1464)

I

Niccolò Cusano

Niccolò Cusano nacque nel 1401 a Cusa in Germania. Diventato maggiorenne, si rese conto di avere un cognome impronunciabile: Chrypffs, Kreybs, Khrayfs o qualcosa di simile. Allora decise di modificarlo e di farsi chiamare Cusano in omaggio alla sua città natale. Studiò prima a Deventer, poi a Heidelberg e infine a Padova dove si laureò in legge. Il primo processo da avvocato gli andò una vera schifezza: il suo cliente venne condannato a una pena addirittura superiore a quella richiesta dal pubblico ministero e tanto bastò per fargli cambiare mestiere.

La teologia fu il suo vero primo amore. Poi, com'era di moda a quei tempi, si fece prete e cominciò a frequentare gli ambienti italiani. Evidentemente dovette pensare che quelli italiani erano meno tedeschi dei tedeschi e invece si sbagliò: scoprì che erano ancora più tosti. Da giovane scrisse molti libri tra cui l'*Idiota,* il *De pace fidei*, il *De visione Dei* e un saggio intitolato *Il gioco della palla.*

Superati i trent'anni partecipò al Concilio di Basilea dove si distinse per l'acutezza degli interventi. Ora bisogna sapere che all'epoca i partecipanti ai concili tutto sapevano fare tranne che conciliare. A Basilea, infatti, si formarono subito due partiti, l'uno contro l'altro armato:

quelli che vedevano nel Papa un monarca assoluto e quelli che credevano nell'apporto consultivo degli altri membri della Chiesa. Niccolò era tra questi e fece di tutto per mediare tra le due opposte fazioni. Sennonché un brutto giorno, avendo detto in pubblico che Dio e l'Universo erano la stessa cosa, in quanto entrambi infiniti, si buscò una bella accusa di panteismo e si fece qualche annetto di carcere. In un secondo tempo, però, cambiò radicalmente parere: fu eletto vescovo di Bressanone e subito dopo cardinale e vicario generale dello Stato Pontificio. Da quel giorno divenne un fedele servitore del Papa, cosa che gli valse il titolo di primo voltagabbana della storia della filosofia. Morì nel 1464 a Todi. Aveva sessantatré anni.

Il pensiero di Niccolò Cusano viaggia con un piede nella teologia e un altro nella metafisica. Il concetto stesso d'infinito, ad esempio, lo faceva «andare ai pazzi».

«È difficile per un mortale» secondo Cusano «concepire l'infinito.»

Poi gli capitò un'esperienza indimenticabile. Stava viaggiando su un tre alberi dalla Grecia in l'Italia, quando una notte, non avendo sonno, decise di salire in coperta. Era l'alba e si accorse che intorno a lui c'era solo mare, mare, e ancora mare. Non un lembo di terra, non un'isola o uno scoglio su cui appuntare lo sguardo.

«Questo deve essere l'infinito» pensò, «e questo deve essere Dio.»

Poi vide uno stormo di uccelli che si stava dirigendo verso le coste italiane.

«Oddio!» esclamò. «Come sarebbe bello avere le ali e poter volare per tutta l'eternità fino a raggiungere i bordi dell'infinito!»

A quel punto, però, si rese conto di aver detto una stupidaggine.

«L'espressione "i bordi dell'infinito" è una contraddizione in termini. L'infinito non può avere dei bordi. L'infinito è una circonferenza allungata al massimo e quindi, proprio perché allungata al massimo, è uguale a una retta.»

Alla fine capì che solo la consapevolezza della propria ignoranza l'avrebbe potuto aiutare. Allora tornò a casa e si mise a scrivere un saggio intitolato *De docta ignorantia.*

«Se non si è ignoranti» concluse, «non è possibile capire le cose che stanno più in alto.»

D'altra parte non fu il primo, né sarà l'ultimo, ad autodefinirsi ignorante. Da Socrate ad Adriano Celentano* c'è sempre stato qualcuno che ha ostentato la propria ignoranza come un titolo di merito. Niccolò Cusano, in particolare, la consigliò come metodo per comprendere le cose che non si capiscono facilmente. E aveva ragione: quando entriamo in un museo, o quando stiamo per cominciare a leggere un libro, dimentichiamoci di noi stessi, fingiamo di essere appena nati, e tutto ci sembrerà più attraente.

Con Cusano mi vedo spesso. Il suo corpo riposa a Roma, nella chiesa di San Pietro in Vincoli, a due passi da casa mia. Mi basta attraversare la strada.

In genere, ogni lunedì, faccio colazione allo Snack Bar di largo Corrado Ricci, e lì, puntualmente, incontro il mio compagno di scuola Eduardo Criscuolo, grande ammiratore di Michelangelo.

* Chiedo scusa per l'accostamento.

Prima l'acquisto dei giornali, poi di seguito: il cappuccino, il cornetto, le chiacchiere con Criscuolo e la visita al *Mosè* di Michelangelo, sempre in San Pietro in Vincoli. Ebbene, sul lato sinistro della chiesa, appena si entra, c'è la tomba di Niccolò Cusano. Criscuolo ci passa davanti senza nemmeno darci uno sguardo. Io, invece, rallento e gli mando un affettuoso saluto.

A proposito di Niccolò Cusano,

io credo che in natura non esistano né lo zero né l'infinito. Al massimo posso immaginare cose che tendono allo zero o all'infinito ma niente di più. Nell'antica Roma lo zero non esisteva. Fu inventato solo nell'VIII secolo dopo Cristo da un certo Abu al Khawarizmi, un arabo che viveva a Baghdad. Per quanto riguarda, invece, l'infinito vorrei poter dimostrare la sua non esistenza ma mi rendo conto che è difficile. E quindi, per non correre il rischio di essere abbandonato fin dalle prime pagine, invito il lettore a saltare questo capitoletto e a passare a quello successivo, a meno che lui, con un po' di buona volontà e un filino di geometria studiata a scuola, non si voglia cimentare.

Ciò detto, immaginiamo di essere animali a una sola dimensione. Ognuno di noi è solo un trattino, più o meno lungo, che vive su una retta.

A un certo punto un trattino dice a un altro trattino:

«Ma, secondo te, questa retta su cui viviamo è finita o infinita?»

«È infinita» risponde senza esitare il secondo trattino, «anche perché, se finisse, ci sarebbe sempre, subito dopo, un altro pezzo di retta.»

«Nossignore» obietta un terzo trattino che sta alle nostre spalle e che si chiama Alberto, proprio come Einstein. «Quello che a voi sembra una retta è solo un pezzo di circonferenza.»

«Un pezzo di che?»

«...di circonferenza, ovvero di un cerchio chiuso. Se voi procedete continuamente sulla vostra retta, prima o poi finirete col tornare al punto di partenza... quello da dove siete partiti.»

I primi due trattini continuano a non capire. E già, perché loro, poveri ignoranti a una sola dimensione, non possono immaginare una circonferenza che è una figura a due dimensioni.

Lo stesso accadrebbe se fossimo animali a due dimensioni. In questo caso ognuno di noi sarebbe una specie di pizza e vivrebbe su una superficie piana. Le donne sarebbero tutte piatte e non avrebbero né il seno né il didietro sporgente. Perfino Naomi Campbell sarebbe una cosa piatta. E anche in questo caso ci chiederemmo se il piano su cui viviamo sia finito o infinito. E anche stavolta, la pizza Alberto ci farebbe riflettere: «Quello che voi pensate essere un piano altro non è che la piccola parte di una sfera che, come tutti sanno, è una figura finita. Motivo per cui, procedendo in una qualsiasi direzione, finireste sempre col tornare al punto di partenza».

E come nel caso precedente le pizze, essendo individui a due dimensioni, non riuscirebbero a immaginare una sfera che è una figura geometrica a tre dimensioni.

A questo punto, per concludere il discorso, proviamo a immaginare d'essere così come siamo, ovvero animali a tre dimensioni. Siamo convinti di vivere in uno spazio infinito, ma c'è sempre quel maledetto Alberto che ci avvisa che il nostro spazio non è a tre ma a quattro dimensioni, dove la quarta dimensione è il tempo. L'unico problema è che, essendo noi poveri animali a tre dimensioni, ci è difficile immaginare uno spazio a quattro dimensioni. Quello che è certo, però, è che se percorressimo di continuo una di queste dimensioni finiremmo col tornare al punto di partenza. Perché? Perché l'infinito, in quanto tale, non esiste.

Riassumendo, possiamo dire: ogni qual volta si passa da uno spazio a n *dimensioni a uno spazio a* n+1 *dimensioni, quello che in un primo momento ci sembra infinito diventa subito finito. A ogni modo ripeto: se avete difficoltà a capire che cosa sia uno spazio a* n+1 *dimensioni, non ve ne preoccupate più di tanto. Passate subito al capitolo successivo.*

II
Lorenzo Valla

È possibile praticare l'epicureismo su basi cristiane? C'è chi ne è stato convinto: Lorenzo Valla (1407 - 1457) ad esempio. Lui, più che in Dio, credeva nella Natura, anzi, per essere più precisi, nella bontà della Natura. Non che a quei tempi non ci fossero i terremoti e le alluvioni. C'erano, c'erano, ma non c'era la televisione che li faceva vedere ogni sera.

Lorenzo Valla, *romano de Roma,* identificava la felicità con la *divina voluptas*. E, quando qualcuno lo accusava di panteismo, si difendeva dicendo che la Natura altro non è che una manifestazione di Dio sulla terra. Si sentiva in pratica «*un porco del gregge di Epicuro*», né più né meno del poeta Orazio.* Chissà che non sia stato lui a inventare quella canzone romana che dice: «*Ma che ce frega, ma che ce 'mporta...*». Seguendo i suoi precetti, infatti, possiamo abbandonarci a tutti i piaceri possibili. Un piatto di maccheroni al ragù, un bicchiere di buon vino rosso, la compagnia di una bella ragazza, non sono peccati, sono solo i diversi modi che ha Dio per farsi riconoscere da noi poveri mortali.

* *Epicuri de grege porcum* (Orazio, *Epi.* 4 15).

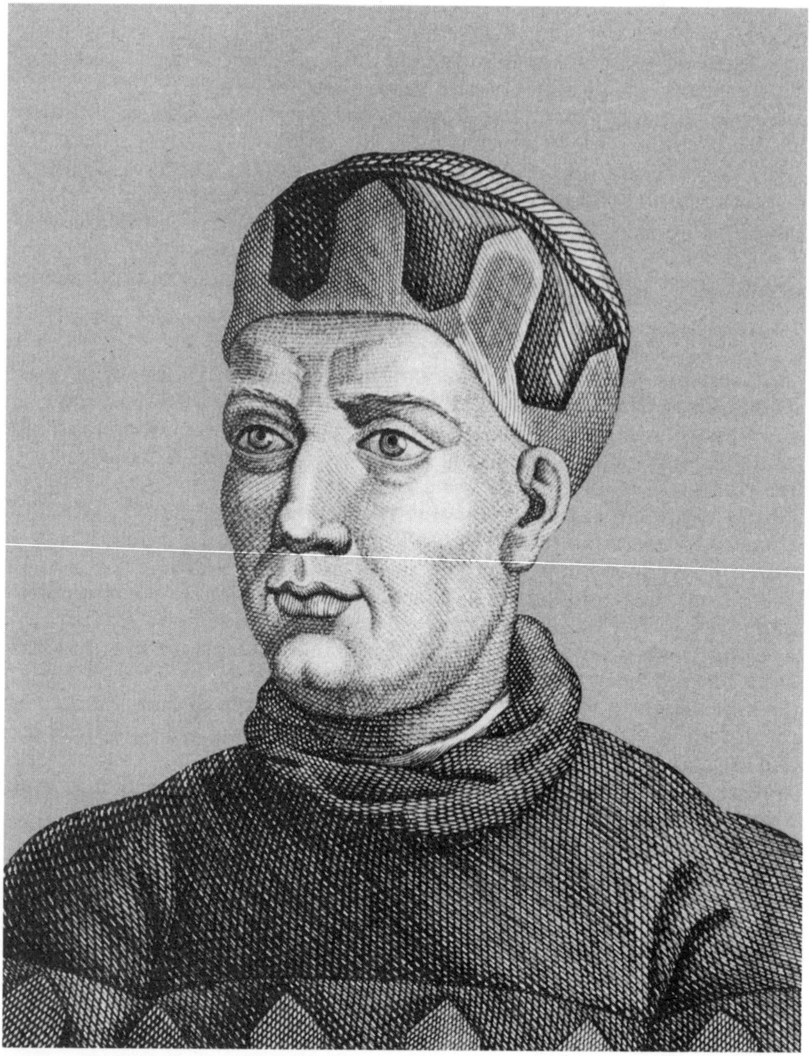

Lorenzo Valla (1407 - 1457)

Nella sua opera *De voluptate ac de vero bono* tenta di trasformare il *paganesimo epicureo* in *cristianesimo positivo,* sostenendo la teoria secondo la quale alla base di ogni felicità c'è il desiderio. Non è tanto, quindi, il raggiungimento del piacere il vero traguardo quanto il percorso che si deve fare per poterlo raggiungere. Nessuno è più infelice di un guardone in un campo di nudisti. Non sono io a dirlo ma Freud: «*Il raggiungimento del successo è anche l'inizio di una bella nevrosi*».*

Valla nel suo *De voluptate* invita gli uomini a desiderare sopra ogni cosa la libertà. Si tratta di un dialogo a tre: fra uno stoico (scassapalle) che consiglia la rinunzia ai beni materiali, un epicureo (un po' puttaniere) che crede nel piacere fisico, e un filosofo (lui stesso) che media tra i due litiganti e afferma che solo la dottrina cristiana può fare coincidere l'autentico piacere con l'autentica felicità. Alla fine conclude dicendo:

*Il piacere per noi cristiani è una scala che ci consente di raggiungere la beatitudine celeste dopo che l'anima si è spogliata delle sue membra.***

L'importante, comunque, è evitare il dolore. Tutto il resto non conta.

* Sigmund Freud, *Coloro che soccombono al successo*, edizione Boringhieri.
** Lorenzo Valla, *De voluptate*, III 10.

A proposito di Lorenzo Valla,

e delle sue idee sul peccato, vorrei dire la mia. A farmi riflettere fu un mio collega d'ingegneria, al secolo Mario Vallauri, classe 1930. Vallauri, oltre tutto, per uno strano gioco del destino aveva un cognome che iniziava con «valla». Anche lui, comunque, non credeva nei peccati capitali.

Un giorno, mentre stavamo in pizzeria, mi disse: «Per me la lussuria non è peccato».

«In che senso non è peccato?» gli chiesi.

«Nel senso che l'unica forma di peccato che riconosco è quella in cui si fa del male a qualcuno. Se tu, facendo sesso, non fai male a nessuno, non commetti peccato.»

«È facile a dirsi, ma vallo a spiegare a don Attanasio, il parroco di Santa Lucia, quello di san Sebastiano.»

«Che c'entra san Sebastiano?»

«C'entra, c'entra, perché don Attanasio, il mio confessore di quando ero ancora ragazzino, mi diceva che, ogni qual volta commettevo un atto impuro solitario, proprio nel momento culminante, san Sebastiano veniva colpito da una freccia.»

«Nossignore, san Sebastiano viene colpito solo quando, commettendo l'atto impuro, stai facendo del male a un'altra persona. Io nella vita ho fatto l'amore solo con donne consenzienti, anzi, a volte, più che consenzienti. Una notte, ricordo, una signora piuttosto avanti negli anni, vicina ai settanta, mi fece addirittura un applauso. Evidentemente considerò il mio gesto d'amore un atto di volontariato.»

«Be', questo mi sembra un po' esagerato» commentai. «Ma allora neanche la gola è un peccato?»

«Certo che non lo è: io in questo momento sto mangiando una pizza margherita eccezionale. A chi faccio del male? A nessuno. Anzi, sai che ti dico? Adesso ne ordino un'altra.»

«E la superbia, l'accidia, l'ira, l'avarizia e l'invidia?»

«Non sono peccati. Nel peggiore dei casi sono dei vizi, a me-

no che, praticandoli, non facciamo del male al nostro prossimo. L'importante è che tu, prima di fare una qualsiasi cosa, ti chieda: "Sto facendo del male a qualcuno?". Se la risposta è negativa puoi dormire tranquillo: andrai in Paradiso.»

«E il tradimento in amore? Per te è peccato o non è peccato?»

«Dipende: è peccato solo se si viene scoperti. In quel caso, infatti, si fa del male alla persona tradita. I peggiori, poi, sono quelli che prima tradiscono e poi, tormentati dal senso di colpa, dicono alla propria consorte: "Cara, ti debbo confessare una cosa".»

«E la droga?»

«È peccato.»

«E perché?» gli chiesi. «Se ti droghi a chi fai male? Fai male solo a te stesso.»

«E ti pare niente! Quando dico "qualcuno", tra i qualcuno includo anche me stesso. Suicidarsi, ad esempio, è peccato.»

Marsilio Ficino (1433 - 1499)

III

Marsilio Ficino

Marsilio Ficino (1433 - 1499), da non confondere con Marsilio da Padova, era un toscanaccio nato a Figline Valdarno. A parte i libri che scrisse (gli *Ermetici,* la *Theologia,* il *Della cristiana religione* e le *Dodici epistole*), si rese benemerito traducendo Platone dalla prima all'ultima riga, per poi passare a Omero, Proclo ed Esiodo. Se oggi leggiamo i classici, perfino su Internet, un po' lo dobbiamo a lui. Di veramente importante, però, scrisse un saggio dove magnificava l'amore platonico. (Attenzione: per amore platonico non dobbiamo intendere quello dove non si copula, ma quello dove l'anima dell'uomo, grazie alle ali, riesce a raggiungere la patria celeste.)

Il compito principale di Marsilio Ficino fu quello di far convivere la religione cristiana con la filosofia platonica, e quindi i dieci comandamenti con i *Dialoghi.* A volerla dire tutta, lui a Gesù preferiva Platone, ma non se lo fece mai scappare di bocca per paura che le autorità ecclesiastiche lo bruciassero vivo come già avevano fatto con altri.

Oltre che filosofo Marsilio fu un mago e un grande cortigiano. Si sistemò, vitto e alloggio, presso la corte dei Medici a Firenze e non si mosse di lì per nessuna ragione. Non solo, ma la sua idea di far viaggiare sottobraccio Platone e il cristianesimo (ovvero quella che lui chiamava la *pia philosophia*) convinse il suo signore e padrone, Cosimo de' Medici, a fondare nel 1459, a Correggio, un'Accademia tutta dedicata agli studi neoplatonici. Accademia che lo stesso Ficino diresse nel migliore dei modi. Si dice che un giorno arrivò ad affermare che l'eros è «il dilatarsi di Nostro Signore sulla terra». Ebbene, che ci crediate o meno, quando fece questa dichiarazione ebbe dagli allievi presenti un'autentica *standing ovation*. Erano tutti maschi.

Come Platone, sottovalutava l'arte. Se le ombre, diceva, sono le imitazioni delle Idee, l'arte, in quanto imitazione delle ombre, altro non è che l'imitazione di una imitazione. Sarà, dico io, però ci sono imitazioni e imitazioni: quelle del Caravaggio, ad esempio, ti lasciano senza fiato.

Per Marsilio Ficino l'uomo è il più disgraziato degli animali: insieme alla *imbecillitas corporis,* comune a tutti i viventi, possiede la *inquietudo animi,* ovvero la consapevolezza di dover morire. Un cane non sa che lo aspetta la morte e quindi campa tranquillo fino all'ultimo istante. L'uomo, invece, più si avvicina la fine e più è infelice: si guarda allo specchio e osserva la sua morte al rallentatore.

L'Universo, diceva Marsilio, è costituito da cinque livelli, ognuno un po' più alto del precedente, e precisamente:

1. il Corpo
2. la Qualità
3. l'Anima
4. l'Angelo
5. Dio.

Il Corpo è quello che ci condiziona durante tutta la vita con le sue esigenze primarie, ovvero col mangiare, il bere, il troppo caldo, il troppo freddo, il far l'amore e via dicendo.

La Qualità fa capolino non appena abbiamo soddisfatto il Corpo.

L'Anima è un riflesso di Dio ed è un passaggio tra due mondi: l'aldiquà e l'aldilà. È la sola in grado d'intuire le «cose» superiori senza per questo essere costretta ad abbandonare quelle inferiori.

L'Angelo, a essere sincero, non l'ho capito e il livello di Dio meno che mai. Magari un giorno, il più tardi possibile spero, me lo spiegherà lo stesso Marsilio Ficino...

A proposito di Marsilio Ficino,

e della inquietudo animi, *ovvero della consapevolezza di dover morire, vediamo come siamo messi. Ogni sabato sera, in Italia, si contano decine e decine di morti a causa degli incidenti stradali. In genere si tratta di ragazzini sui vent'anni, appena usciti da una discoteca, che si scatenano sulle strade con le auto a grande velocità. Loro, pur conoscendo tutte le statistiche degli incidenti, non si preoccupano più di tanto. Perché? Perché sono convinti in buona fede di essere immortali. In altre parole, non hanno l'*inquietudo animi. *Anche io, credo, non l'avevo quando ero giovane: ignoravo che esistesse la morte. Oggi, invece, che sono anziano (o quasi) ci penso quattro volte al giorno. È stato Socrate a influenzarmi. «Vivere» diceva il grande ateniese «vuol dire abituarsi all'idea della morte.» Chiediamoci, però, nel contempo, fino a che punto l'*inquietudo animi *influenzi il nostro modo di valutare gli eventi.*

Per un italiano di ottant'anni, che ha solo cinque anni in meno della «vita media», la politica si ridimensiona di colpo. Che importanza può avere, infatti, per un ottantenne, che il prossimo ministro degli Esteri appartenga al Polo o all'Ulivo? Una volta, forse, nel 1948, il suo voto era fondamentale. Ma a quei tempi si trattava di scegliere tra Stati Uniti e Unione Sovietica. Oggi, invece, il centrodestra e il centrosinistra si assomigliano troppo, in particolare se messi a confronto con l'idea della morte. La smetto subito, altrimenti corro il rischio di sembrare qualunquista e la cosa mi darebbe fastidio.

Come la politica anche le altre preoccupazioni quotidiane si ridimensionano. Se adesso, uscendo di casa, scopro che mi hanno rubato la macchina, non dico che mi metto a ridere, ma nemmeno mi strappo i capelli. Solo una schifezza di filosofo potrebbe disperarsi per un contrattempo del genere. D'altra parte la filosofia è per l'appunto la capacità di misurare la vita col metro della morte.

Domandiamoci piuttosto se anche la depressione sia una forma di inquietudo animi. *Io dico di sì e vediamo perché.*

L'animo umano è simile a un motorino fuoribordo. Per star bene, deve fare un certo numero di giri senza mai superarli. L'elica di un fuoribordo, se immersa nell'acqua, va a tremila giri. Più gira e più la barca va veloce. Se però la facciamo girare fuori dall'acqua supera subito i tremila giri e fonde. Perché? Perché è stata costruita per vincere la resistenza dell'acqua. Se questa resistenza non c'è, l'elica va in tilt. Ebbene, il nostro animo è stato costruito per farci superare le difficoltà della vita. Il giorno in cui queste difficoltà sparissero, anche il nostro animo finirebbe con l'andare fuori giri, ovvero in depressione. Il fenomeno opposto si chiama stress.

Pico della Mirandola (1463 - 1495)

IV

Pico della Mirandola

Oggi, quando uno ha buona memoria, gli si dice: «Ma chi ti credi di essere: Pico della Mirandola?». Si racconta, infatti, che questo Pico fosse capace di ripetere a memoria la pagina di un testo latino dopo averla letta una volta sola, e che un giorno, davanti a un ascoltatore rimasto stupito, gliel'abbia ripetuta di nuovo, questa volta, però, alla rovescia, dall'ultima parola alla prima. L'aneddoto è a tal punto noto che nel 1939 lo scrittore Giovanni Papini fece dissotterrare il suo cranio per verificare se non fosse più grande della media.*

Giovanni Pico, principe della Mirandola e conte della Concordia, nacque in un castello il 24 febbraio del 1463, studiò diritto canonico a Bologna, lettere a Ferrara, filosofia a Padova e greco a Pavia. Il suo primo obiettivo fu quello di riaffermare la dignità dell'uomo in quanto uomo. Ci scrisse sopra un saggio suddiviso in novecento capitoli, intitolato per l'appunto *De hominis dignitate*, il tutto con l'intenzione di presentarlo a Roma a un congresso di filosofi. *Magnum miraculum est homo* annunzia-

* Per saperne di più, vi invito a leggere *Pico della Mirandola* di Jader Jacobelli, edizione Longanesi.

va il manifesto, per poi aggiungere che anche gli arabi, nella persona di Abdalla Saraceno, ammettevano che *«nulla esiste al mondo che sia più splendido dell'uomo»*.

L'evento, però, non ebbe mai luogo, anche perché nel frattempo a Pico scappò detto che l'uomo era un essere per metà divino e per metà animale, e tanto bastò perché gli piombasse addosso un'accusa di eresia di primo grado. Sette delle sue tesi furono giudicate eretiche da una commissione pontificia, e all'epoca, purtroppo, su tutto ciò che riguardava Dio non si potevano fare nemmeno delle ipotesi. Il nostro filosofo fu arrestato per ordine di Innocenzo VIII e chiuso nella rocca di Vincennes. Tempo un mese, però, Lorenzo il Magnifico lo prese sotto la sua protezione e in pratica gli salvò la vita. Qualche anno dopo, infine, venne perdonato da papa Alessandro VI.

In realtà il suo mancato arrivo a Roma potrebbe essere stato causato da tutt'altri motivi. Nel gossip del Rinascimento italiano, infatti, si racconta che una bella dama di nome Margherita, moglie di Giuliano de' Medici, gli avrebbe dato appuntamento fuori le porte di Arezzo, sulla strada per Roma, e che il marito della stessa, venutolo a sapere, gli abbia scagliato addosso un drappello di uomini armati. Nello scontro furono trucidati ben diciassette soldati della scorta di Pico e lui stesso venne ferito a un braccio. Vero o non vero che sia l'aneddoto, certo è che il principe della Mirandola, oltre a essere un grande religioso era anche un accanito dongiovanni. Ora, a voler scendere nei dettagli, lui, la nobile Margherita, *«non hebbe mai l'ardire di toccarla»*. Ciò nonostante, le scrisse decine e decine di versi che vennero in seguito bruciati. *«A star seduto su due selle»* sentenziò Pico, *«sulla Poesia e sulla Filosofia, si corre il rischio di non diventar giammai né poeti né filosofi.»*

Ed ecco come ci racconta la creazione dell'uomo:

Dio aveva abbellito con le intelligenze la zona iperuranica. Aveva avviato di anime eterne gli eterei globi. Aveva popolato di una turba di animali le parti vili e turpi del mondo inferiore. Ma, una volta ultimata l'opera, volle che ci fosse qualcuno capace di amarne la bellezza e la vastità.

A sentire lui, ognuno di noi ha dentro di sé un angelo e un diavolo che non fanno altro che litigare. Se l'angelo ci consiglia una cosa, il diavolo ci suggerisce subito quella contraria. Sarà poi il nostro libero arbitrio a scegliere a chi dei due dare ragione. Ecco qui di seguito un brano tratto dal suo *De hominis dignitate*:

O Adamo, Dio non ti ha creato né celeste né terreno, né mortale né immortale. Sei tu e solo tu, in quanto creatore di te stesso, a dover scegliere la forma che più ti aggrada. Potrai degenerare verso i gradi più bassi della vita terrena, e diventare una bestia, o salire ai più alti livelli dell'esistenza e diventare una creatura divina.

Nella seconda parte del saggio, poi, Pico inneggia alla pace mondiale e suggerisce ai lettori di ricorrere alla teologia, l'unica a suo giudizio in grado di scongiurare una probabile guerra. A leggere le sue invocazioni, sembra quasi di udire la voce di papa Wojtyla.

Altro argomento a lui caro la cabala, intesa non come scelta dei numeri da giocare al Lotto, ma come dottrina mistica offerta da Dio perché fosse possibile riconoscerlo tra le righe di un libro. Non a caso la parola *Qabbalah* in ebraico significa «interpretazione». Come dire che all'interno delle frasi contenute nella Bibbia c'è sempre la possibilità d'intravedere la presenza di Dio. Lui, a quanto pare, studiò l'arabo apposta per poter leggere i testi in lingua originale.

Ultimo argomento il disprezzo per gli astrologi, i maghi e i cultori del paranormale in genere. A tale proposito fu determinante l'incontro con Girolamo Savonarola. Il frate di Ferrara, con quel suo caratteraccio violento, più degno di un tribuno del popolo che di un uomo di chiesa, lo sconvolse. Quel giorno, per dirlo con parole sue, «*tutto si sentì commuovere fino ad arricciarsi li capelli*». Tempo una settimana e ne venne fuori un libello intitolato per l'appunto *Disputationes adversus astrologiam.* In questo trattato Pico della Mirandola condanna gli oroscopi e distingue nettamente l'astronomia *(ars nobile)* dall'astrologia *(ars fraudolenta).* Quando qualcuno gli raccontava che un mago gli aveva predetto con un anno di anticipo una terribile sciagura, lui rispondeva che non si trattava di una profezia ma di una coincidenza. E anch'io, lo confesso, sono dello stesso parere.

Incredibile a dirsi, perfino Girolamo Savonarola, che non la faceva buona a nessuno, provò una certa simpatia per il giovane Pico. Lo vedeva in Purgatorio e non all'Inferno, cosa che per uno come lui era già il massimo della stima.

Pico della Mirandola morì a soli trentuno anni nel 1495, probabilmente avvelenato da due servi che contavano su un suo lascito ereditario. Sembra che negli ultimi istanti abbia detto: «*La morte non è il termine delle sofferenze ma è il termine delle offese recate a Nostro Signore*».

A proposito di Pico della Mirandola,

io, da una decina di anni a questa parte, ho dei grossi problemi con la memoria. Dimentico tutto, anche le cose più importanti. Allora ho capito che il nostro cervello è fatto come un computer: una volta riempito di ricordi si rifiuta di memorizzarne altri. Oppure, per ogni cosa nuova che fa entrare, ne fa uscire una un pochino più vecchia. Non ricordo, ad esempio, le facce delle persone e a volte nemmeno quelle degli amici. Qualcuno mi ha detto che si tratta di una malattia detta prosopoagnosia *(dove* prosopon *vuol dire viso, e* agnosia *non ricordare), dovuta a un'ischemia delle vene che portano il sangue al cervello. Pico, evidentemente, doveva avere una sovrabbondanza di sangue nella parte destra del cervello. Io ne ho poca. E come si cura la* prosopoagnosia*? I medici dicono con un'aspirinetta al giorno. Sarà.*

A questo proposito ho avuto delle esperienze terribili: una volta, a una cena, non ho riconosciuto Sophia Loren. Le ho chiesto: «Lei di che cosa s'occupa?», e Sophia ha creduto che volessi scherzare. E pensare che avevo avuto la fortuna, appena qualche anno prima, di fare due film con lei, e che in uno di essi, Sabato, domenica e lunedì, *ero stato anche il suo amante presunto.*

Una sera, poi, non ho riconosciuto mia sorella Clara (l'unica che ho). Mi sono presentato dicendole: «Piacere, De Crescenzo». A lei sono venute le lacrime agli occhi. Poi con voce molto bassa mi ha detto: «Lucià, sono io!».

Il colmo, però, l'ho raggiunto una sera a casa di un amico. Sono entrato in una stanza buia per riporre il cappotto e ho intravisto sul fondo un uomo che conoscevo benissimo. Per un attimo (solo per un attimo) mi sono detto: «Questo qui lo conosco». Poi, quando ho acceso la luce, ho capito che ero io allo specchio.

Girolamo Savonarola (1452 - 1498)

V

Girolamo Savonarola

Brutto come la peste, di colorito giallastro, calvo, il viso rincagnato, il naso deforme, gli zigomi sporgenti e lo sguardo omicida, era quello che si dice un mostro. Privo di qualsiasi savoir faire, si avventava come una belva feroce contro chiunque, a suo giudizio, non avesse rispettato le leggi del Signore. Se la prese con i cardinali che a suo dire rubavano e fornicavano, con gli usurai che pretendevano il 30 per cento d'interesse e con i principi delle corti rinascimentali per le loro orge a base di sesso e di ubriacature. Si dichiarò contrario a qualsiasi tipo di divertimento, compresi i dadi, le feste di Carnevale, la briscola e le corse dei cavalli. Odiava le donne che si vendevano e gli uomini che le compravano. Avrebbe voluto che venisse tagliata la lingua ai bestemmiatori e agli omosessuali. Non gli piacevano la *Primavera* del Botticelli, *Il ritorno di Ulisse* del Pinturicchio e i ritratti del Perugino. Finché dipingevano immagini sacre gli andava tutto bene, guai, però, se poco poco si spostavano su altri temi. Perfino il «*Quant'è bella giovinezza...*» di Lorenzo il Magnifico gli stava sulle scatole. Solo lui si sentiva perfetto. Eppure c'era almeno un vizio che gli si sarebbe potuto addebitare e cioè la totale assenza del Dubbio, ovvero del primo requisito che ogni individuo onesto intellettualmente dovrebbe possedere.

Nato a Ferrara nel 1452, formatosi nel celebre convento di San Domenico a Bologna, integralista, trasferito poi a Firenze presso il convento di San Marco in qualità di lettore e predicatore, promosso priore nel 1491, mise in piedi una rete di spie, detta la «Compagnia della Speranza», che lo informava su tutti quelli che a Firenze commettevano atti impuri. Dopodiché provvedeva lui stesso a sputtanarli dal pulpito di Santa Maria del Fiore. Faceva nomi e cognomi ripetendoli più volte perché i presenti li potessero memorizzare. A Firenze non c'era chiesa abbastanza grande da ospitare tutti quelli che lo volevano ascoltare. I suoi seguaci erano chiamati i *Piagnoni* (perché piangevano quando lui parlava), e i suoi avversari gli *Arrabbiati* (perché si arrabbiavano quando lui dava in escandescenze).

I *Piagnoni* erano soliti irrompere nelle case private dei «nemici», o nelle botteghe degli artisti, rapinare quadri e tessuti preziosi, per poi incendiarli in piazza tra canti e urla di giubilo. Dio solo sa quante opere d'arte sono andate perse per colpa di Savonarola.

Il suo nemico numero uno era il papa Alessandro VI. Il frate gliene disse di tutti i colori: che era un puttaniere, un mariuolo, un simoniaco, un miscredente, un assassino e un nepotista. Tutte verità, sia chiaro, ma il modo in cui gliele disse era quanto di più violento si potesse immaginare.

Nel dicembre del 1497 Alessandro VI lo scomunicò e lui per tutta risposta scomunicò Alessandro VI. La partita, comunque, si chiuse con la vittoria del Papa: Girolamo Savonarola e i *Piagnoni* vennero condannati tutti all'impiccagione. Scalzi e senza saio, con un crocefisso tra le mani, furono trascinati in piazza della Signoria e qui, tra una folla impazzita per la gioia, vennero coperti di sassi, sputi ed escrementi. I loro corpi furono bruciati e le loro ceneri furono gettate in Arno. Era il maggio del 1498.

VI
Leonardo da Vinci

In una delle ultime elezioni di Miss Italia a una delle candidate fu chiesto chi era Leonardo da Vinci e la ragazza rispose: «Un aeroporto». Stando così le cose, urge che qualcuno racconti alle nuove generazioni chi fu e cosa fece di tanto importante il più grande genio del Rinascimento italiano.

Leonardo, figlio illegittimo di un nobiluomo, Piero da Vinci, nacque nel 1452 nei pressi di Firenze a seguito di «una bottarella e via» tra suo padre e una contadinella di nome Caterina. Il tutto avvenne in un granaio, in piena estate, nel primo pomeriggio. Poi, per ricompensarla della verginità perduta, messer Piero obbligò uno dei suoi fattori, tale Acattabriga, a sposarla.

Seguendo le tradizioni di famiglia Leonardo avrebbe dovuto fare il notaio. Lo erano stati, infatti, prima di lui il bisnonno, il nonno e il padre. Sennonché, fin da piccolo dimostrò una tale bravura nel disegno che il papà un giorno pensò bene di segnalarlo ad Andrea del Verrocchio, il più eccelso scultore di Firenze. E così accadde che, ancora minorenne, Leonardo entrò come ragazzo di bottega in un laboratorio d'arte. Vero è che a quei tempi sia la pittura che la scultura erano considerate una specie di artigianato, quasi come la falegnameria,

Leonardo da Vinci (1452 - 1519)

quindi «andare a bottega» era come aver trovato un posto di lavoro. Lui, però, era così bravo, ma così bravo, che non poteva passare inosservato. Racconta il Vasari, infatti, che un giorno dipinse un angelo su una tela raffigurante il battesimo di Gesù, e che lo dipinse così bene, ma così bene, che il Verrocchio non poté fare a meno di esclamare:

Ma è perfetto! È perfetto! A questo punto non voglio più dipingere. Ordino che codesto Lyonardo ricopra con i suoi colori tutto il resto del quadro.

Dopodiché lo promosse al piano superiore, quello dove operavano gli artisti più bravi. Bisogna sapere, infatti, che la bottega del Verrocchio aveva due piani: il pianoterra dove venivano svolte le mansioni più umili, come preparare le tele, creare le gradazioni dei colori e inchiodare le cornici, e il primo piano dove invece venivano impegnati i migliori.

Leonardo alla scultura preferiva la pittura. Un giorno disse:

Crea meno problemi. Lo scultore ha sempre la faccia impastata di polvere ed è coperto dalla mattina alla sera di scaglie minute. Il contrario, invece, accade al pittore. Lui se ne sta tranquillo davanti al suo quadro e dipinge. Il pittore è ben vestito e muove il levissimo pennello con i vaghi colori.

La pittura, comunque, non fu la sua unica attività. Ora, voler elencare tutti i mestieri che fece Leonardo non è facile. Oltre che pittore e scultore, fu anche matematico, anatomista, botanico, fisiologo, scrittore, filosofo, geologo, idraulico, poeta, meccanico, scenografo, architetto, inventore di macchine da guerra e perfino musicista. Disegnò elicotteri, scavatrici, aeroplani, paracadute, tute per immersioni subacquee, sommergibili, aerostati, astronavi, cannoni a bocche multiple, carri armati, compassi, stufe, scale a chiocciola (ad esempio, vedi il castello di Chambord) e fognature. Oggi, quando un uomo fa più di una cosa viene definito tuttologo, e non sempre l'aggettivo tuttologo è un complimento. Ebbene, perché si sappia, Leonardo da Vinci è stato il più grande tuttologo di tutti i tempi.

Un autore di romanzi di fantascienza, tale Manley Wade Wellmann, ha raccontato che un giorno un americano riuscì a scoprire il modo per viaggiare a ritroso nel tempo. Dopodiché si fece trasportare a Firenze verso la fine del Quattrocento, e qui, avvalendosi di tutto quello che aveva imparato ai giorni nostri, disegnò decine e decine d'invenzioni firmandole tutte con lo pseudonimo Leonardo da Vinci.

La regola numero uno di Leonardo era la proporzione: che lui dipingesse un quadro o progettasse un marchingegno le proporzioni tra il centro e il resto dell'opera erano sempre perfette. E non basta: dentro ogni capolavoro c'era ogni volta una cosina in più che ce lo fa ricordare. Prendiamo, ad esempio, alcuni dei suoi ritratti più noti: la *Gioconda,* la *Ginevra* e la *Dama dell'ermellino.* Tutte e tre le suddette signore pensano e forse sorridono. Ma a che cosa pensano? E perché sorridono? Ed è Leonardo che le fa pensare? E per quale motivo? Alle domande risponde Freud: «*Nell'espressione della bella fiorentina emergono i contrasti della vita amorosa femminile. Ci sono il riserbo e la seduzione, la tenerezza e la sensualità*».

Qualcuno ha detto che nella *Gioconda* Leonardo ha voluto ritrarre se stesso. Lui sosteneva che la pittura era la figlia delle cose che a loro volta erano le figlie della Natura, il che equivaleva a dire che la Natura era la nonna della pittura. Poi precisava che quando si dipinge si lavora sempre su due dimensioni, mentre quando si guarda si lavora su tre dimensioni. L'artista, quindi, deve tenere conto di ambedue le esigenze e rispettare nel medesimo tempo sia le due dimensioni del quadro che le tre dimensioni della vista.

Nel *Trattato sulla pittura* Leonardo dice:

Il bono pittore dipinge sempre due cose, l'homo e il concetto che ha in mente sua.

Non sempre, però, gli andò tutto bene. A vent'anni, a causa di una lettera anonima, venne accusato, insieme ad altri tre compagni di bottega, di aver commesso atti di sodomia nei confronti di un giovane modello di nome Jacopo. L'accusa non ebbe seguito per insufficienza di prove, ma era fin troppo credibile. Non a caso la sodomia all'epoca era chiamata «*il vizio fiorentino*». L'episodio, comunque, provocò un forte litigio con il padre e la conseguente decisione da parte di Leonardo di andarsene a vivere per conto proprio.

Nel 1582 Lorenzo il Magnifico lo inviò a Milano perché portasse in regalo a Ludovico il Moro un liuto d'argento. Comincia così il periodo milanese durante il quale Leonardo diventò anche suonatore di liuto e ingegnere militare agli ordini della famiglia Sforza. Tra una suonatina e l'altra, progettò fortezze e disegnò bombarde.

A detta del Vasari, era bravo anche nelle caricature. Se per caso, per strada, incontrava una persona con la faccia buffa, lui la pedinava ore e ore per poi tornarsene a casa e riprodurla fedelmente. Esiste un suo disegno con sei facce, una più buffa dell'altra. Fosse vivo oggi disegnerebbe la vignetta satirica sulla prima pagina di un quotidiano.

Aveva un carattere allegro. Gli piaceva scherzare e perfino raccontare barzellette. Sulla scia della VI giornata del *Decamerone* di Boccaccio a volte diventava volgare. In un suo appunto si legge: «*Nuovo cazzo, cazzuolo, cazzellone, cazzatello, cazzata, cazzelleria, cazzo inferrigno e cazzo erbato*». Che abbia voluto dire non lo so, ma mi piace pensare che uno come lui si potesse divertire con una tiritera del genere.

Che Leonardo fosse omosessuale è un dato di fatto. Non per questo, però, bisogna credere che il sesso lo interessasse più di tanto, anzi. In uno scritto si dichiara nemico dei rapporti sessuali. Per la precisione dice:

L'atto del coito e le membra che vi partecipano sono a tal punto orrende che, se non fosse per la bellezza dei visi, la specie umana si sarebbe già estinta.

Tuttavia, nel 1490, si prese a bottega un certo Giacomo, anche detto il Salaì, un efebo di dieci anni di straordinaria bellezza, con il capo coperto di riccioli biondi. Il ragazzino, però, un giorno sì e un altro no, lo derubava. Scrive Leonardo:

Ieri Giacomo mi ha rubato quattro lire. Non sono riuscito a fargliela confessare. Eppure ne ho l'assoluta certezza. È un bugiardo, è un ladruncolo, un incorreggibile e un ghiotto!

Racconta Freud che nel corso della vita ebbe vari discepoli, tutti molto giovani e tutti bellissimi:

Era benevolo e indulgente con loro, ne aveva cura e li assisteva anche quando erano malati, quasi fosse stato la loro madre. Avendoli scelti, però, solo per la bellezza e non per il talento, nessuno dei suoi allievi divenne mai un grande pittore.

L'ultimo dei ragazzetti si chiamava Francesco Melzi. Se lo portò ad Amboise, nel castello di Cloux, dove si era rifugiato, dopo i dissidi con gli Sforza. Gli tenne compagnia fino alla fine e ne diventò l'erede.

Che dire? Assolutamente nulla: visto quello che ci ha lasciato, gli perdono tutto, sempre che ci sia qualcosa da perdonare.

A proposito di Leonardo da Vinci,

mi sono sempre chiesto perché non sono anch'io omosessuale. Che io sappia, i miei carissimi filosofi greci erano tutti almeno bisessuali, e non si vergognavano affatto di ammetterlo. Poi, una volta entrata in campo la Chiesa, qualsiasi forma di sesso non finalizzata alla procreazione fu criminalizzata. Sempre a proposito dei greci, eccezionale è il finale del Simposio. *Stavano tutti riuniti a discutere sull'amore, quando entra Alcibiade seguito da una corte di fan. È brillo. Una flautista lo regge per non farlo cadere. Lui entra e come vede Socrate seduto vicino ad Agatone lo assale.*

«Lo sapevo» gli dice, «ti sei seduto accanto al più bello. Te le inventi tutte per metterti vicino a chi desideri.»

Quindi, rivolgendosi agli altri filosofi, aggiunge: «Lo vedete quest'uomo? Io lo amo. Per me è più affascinante di Marsia: quello si serviva della musica per incantare gli uomini, lui, invece si serve della parola. Quando parla l'anima mia si mette a ballare e le lacrime mi sgorgano spontanee dagli occhi. Non potete, però, immaginare quanto mi faccia soffrire! Io me le invento tutte per stargli vicino. Una volta, in palestra, abbiamo fatto ginnastica insieme, abbiamo lottato l'uno avvinghiato all'altro, e lui niente, come se non fossimo abbracciati. Un'altra volta l'ho invitato a casa mia, proprio come fa un amante che tende una trappola all'amato, ma non c'è stato nulla da fare. Ci coricammo nello stesso letto, ma lui mi evitò. Mi disse solo: "O Alcibiade, tu vorresti barattare la tua bellezza con le mie idee. Sarebbe come scambiare il rame con l'oro. Non mi conviene"».

A parte Socrate, c'è un episodio della mia infanzia che è stato determinante. Ero in quarta elementare e un giorno il mio compagno di banco tornò dai gabinetti dicendo: «De Simone mi ha toccato il pistolino».

Ebbene, da quel giorno, il povero De Simone non ebbe più pace. Ogni volta, quando si usciva da scuola, tutta la classe gli si metteva intorno urlando: «Ricchione, ricchione, ricchione!».

E lui, poverino, diventava rosso come un peperone. A quel punto pensai che nella vita non ci fosse nulla di peggiore che essere ricchione. Peggio, quindi, di ladro, di stupido e di criminale. Ed è stato così che ho fatto le mie scelte sessuali. Fossi vissuto in Grecia nel V secolo a.C., magari sarei stato come Alcibiade.

Lorenzo il Magnifico (1449 - 1492)

VII
Lorenzo il Magnifico

Non credo nella reincarnazione: se anche fossi già vissuto, che importanza avrebbe se non mi ricordo nulla della vita precedente? L'essere umano non è il cuore, il fegato o i polmoni, tutte cose che si possono trapiantare, l'essere umano è il cervello e, quindi, anche la memoria. Se non si reincarna la memoria, il risultato è un altro uomo. Se, però, mi costringessero a scegliere qualcuno del passato che mi sarebbe piaciuto essere, allora non avrei dubbi: sceglierei Lorenzo il Magnifico.

In chimica dicesi catalizzatore un elemento capace di accelerare i processi che sono in corso. In altre parole, una specie di sostanza miracolosa in presenza della quale le forze buone si danno da fare e si integrano tra di loro. Ebbene, il Magnifico fu un catalizzatore del Rinascimento. Prima ancora di fare il politico riunì a Firenze il meglio che c'era in fatto d'arte e di cultura. In lui l'amore per l'arte superava di gran lunga quello per il potere. Guicciardini lo definì «l'ago della bilancia» della cultura italiana. Oddio, fu anche fortunato nel nascere in una famiglia ricca come quella dei Medici, ma poi si meritò ampiamente quella nascita.

Chiariamolo subito: Lorenzo non era un filosofo. Ciò nonostante la filosofia rinascimentale gli deve molto.

Protesse gli umanisti del suo secolo, tra cui Marsilio Ficino e Pico della Mirandola, e gli artisti più eccelsi, tra cui Leonardo, il Poliziano e il Pulci. Ebbe due figli, nessuno, però, che gli somigliasse più di tanto: il primo, Piero, un grande casinista, e il secondo, Giovanni, un religioso che più religioso non si sarebbe potuto immaginare, tant'è vero che venne eletto Papa col nome di Leone X.

Oggi il Magnifico lo si ricorda soprattutto per questi suoi versi eccezionali:

Quant'è bella giovinezza,
che si fugge tuttavia!
Chi vuol essere lieto, sia:
di doman non c'è certezza.

Scrisse anche *Il simposio, La caccia col falcone, I canti carnascialeschi* e un saggio intitolato l'*Altercazione* in cui fa l'elogio dell'amore platonico. Per l'esattezza mise giù i seguenti versi:

Amando Dio ci si converte
e amando l'amore ci si dilata.

Non fu fortunato: visse poco più di quarant'anni. Gli storici dicono che quando si sentì male in mezzo al cielo comparve una cometa, così come era già successo per Giulio Cesare. Venne chiamato un illustre dottore che gli dette da bere una pozione miracolosa fatta di perle e di diamanti triturati. Lui la bevve e morì. Era il 1492, l'anno in cui Cristoforo Colombo scopriva l'America.

A proposito di Lorenzo il Magnifico,

il «Quant'è bella giovinezza...» *mi fa pensare. Innanzi tutto mi chiedo: ma è davvero bella la giovinezza? Mi viene subito voglia di rispondere sì, poi ci rifletto sopra un pochino e comincio ad avere dei dubbi.*

Si comincia con l'essere belli quando si è giovani per diventare bruttini man mano che passa il tempo. In compenso si nasce alquanto stupidi per poi diventare intelligenti. Non a caso noi anziani ci commuoviamo almeno una volta al giorno. Ho visto anziani piangere anche guardando un cartone animato.

Le donne, in particolare, più sono giovani e più sono belle. Io, in proposito, avrei due episodi da raccontare: un giorno andai a trovare mia zia Assunta, donna con due lauree di anni ottantasei. Vive in una casa di riposo in provincia di Napoli, nota come Villa Pace. Zia Assunta mi presentò le sue amiche, tutte sugli ottanta. Era una bella giornata di sole e mangiammo all'aperto. Parlammo del Nord, del Sud, di politica, di televisione e perfino di Nietzsche. Mi sembrarono tutte molto lucide e attente, eppure me ne tornai con il cuore a pezzi: avevo pranzato con persone che erano arrivate, chi più, chi meno, alla fine della loro esistenza. Per contrasto, mi sono ricordato di quella volta che ero andato a trovare Gianni Boncompagni a «Non è la Rai». Anche lì c'erano solo donne, ma erano tutte tra i sedici e i vent'anni. Ebbene, diciamo la verità: le ragazzine di Boncompagni erano alquanto leggere. Ridevano per un nonnulla e zompavano di continuo al suono della musica. Quale differenza con i fazzoletti, gli occhiali spessi un dito e i bastoni delle amiche di zia Assunta! Io, a differenza di Villa Pace, però, me ne uscii dagli studi televisivi tutto allegro. Perché? Perché a comandare era stato il mio inconscio. Quell'essere piuttosto semplice, per non dire stupido, che abbiamo all'interno del nostro cervello. Per lui, per il mio inconscio, le amiche di zia Assunta rappresentavano la morte, mentre le ragazzine di Boncompagni rappresentavano la vita.

La bellezza potrebbe essere presa come metro per misurare il tempo.

A volte mi siedo su un muretto di via Caracciolo a Napoli e guardo le persone passare. Vedo una ragazza giovane e bella. Si tiene per mano con un giovanottino. Ridono tutti e due. Guardo le loro mani. Hanno le dita intrecciate. Sono felici. Beati loro. Poi vedo un bambino con la mamma: avrà sì e no due anni ed è quanto di più bello possa esistere al mondo. È addirittura più bello del Vesuvio. Magari un giorno soffrirà anche lui di ernia del disco, come me, adesso però è felice: corre dietro a un cagnolino. Anche il cagnolino è felice. Ed ecco passare un signore anziano. Avrà quasi novant'anni. Si appoggia al braccio di una signora che gli cammina a fianco. Forse è suo padre. La differenza di età, però, mi sembra, piuttosto alta. Forse è suo nonno. Anche lui, un giorno, sarà stato giovane e bello. Avrà atteso il suo primo amore all'uscita della scuola. Le avrà detto: «Ti amo» arrossendo. Poi il tempo è passato e quell'episodio è diventato solo un ricordo.

Guardo i taxi passare. Anche i taxi mi sembrano invecchiati: cinquant'anni fa erano verdi, vent'anni fa erano gialli e adesso sono bianchi. Come i miei capelli del resto.

La bellezza, però, da sola, non basta a renderci felici. Ci sono i sentimenti che la condizionano. L'unica vera differenza sta nel fatto che la bellezza si vede e i sentimenti no. Scrive a questo proposito Lorenzo il Magnifico:

Se a ciascun l'interno affanno
si leggesse in fronte scritto,
molti che invidia già ci fanno
ci farebbero pietà.

Un giorno il mio tanto amato professor Renato Caccioppoli per spiegarmi meglio la media delle medie aritmetiche mi disse: «Le gioie nella vita arrivano quasi sempre quando siamo giovani. I dolori, invece, quando siamo vecchi. Se vuoi migliorare la qualità media della tua vita, ammazzati subito». E difatti lui si suicidò a cinquantacinque anni.

Pietro Pomponazzi (1462 - 1525)

VIII
Pietro Pomponazzi

Pietro Pomponazzi, anche noto come il Peretto, nacque a Mantova nel 1462 e visse il resto della vita senza mai allontanarsi troppo da casa. Insegnò filosofia all'Università di Padova e, a quanto si dice, anche per strada. Bastava fermarlo, fargli una domanda qualsiasi, e lui subito cominciava a declamare, citando come primo testimone Aristotele.

All'epoca, nelle università italiane, esisteva la figura del *cuncurrens,* ovvero uno studioso che nel corso della lezione contrastava le tesi esposte dal *magister.* Ebbene un giorno, dopo un litigio feroce con il proprio *cuncurrens,* Pomponazzi decise di abbandonare Padova e di trasferirsi a Ferrara. Qui, come spesso capitava agli intellettuali, si piazzò in casa del principe di Carpi e visse di rendita finché non gli venne offerto un posto di professore all'Università di Bologna. Lui accettò, a patto che non ci fosse nessun *cuncurrens* che gli rompesse le scatole.

Dal punto di vista religioso era convinto che Dio avesse creato il mondo una volta per tutte, salvo poi disinteressarsene nel modo più assoluto. Magari per mancanza di tempo. L'uomo, quindi, per Pomponazzi era l'unico responsabile di tutto quello che gli sarebbe capitato nella vita. Peggio per lui se si fosse comportato male. Su questo concetto scrisse alcuni saggi, e precisamente il *De libero arbitrio,* il *De fato e* il *De incantationibus.*

Il suo libro più importante, però, fu il *De immortalitate animae,* un testo dove senza mezzi termini dichiarava che l'anima, al contrario di quanto tutti pensavano, muore insieme al corpo per poi dissolversi nell'aria, e tanto bastò per farlo mettere all'indice.

Pomponazzi dice che ci sono due criteri per spiegare gli eventi, il primo con la Fede, il secondo con la Ragione. Se ci basiamo sulla Fede possiamo credere ai miracoli, se ci affidiamo alla Ragione, invece, non si può. Al massimo possiamo addebitare certi eventi all'influenza degli astri. Perfino le religioni, diceva, nascono e muoiono grazie alle presenze celesti. Non credeva, quindi, nei santi, ma credeva negli oroscopi.

Al pari di Socrate, era convinto che nella vita il vero premio della virtù fosse la virtù stessa e che solo una bestia può preferire la cattiveria alla bontà. D'altra parte, da bravo filosofo qual era, la domanda sull'anima non se la poteva scansare: esiste o non esiste? E se esiste, è mortale o immortale? È un'anima eterna, a servizio intero, o un'anima così così, a mezzo servizio?

Per Aristotele esistevano tre tipi di anima: l'anima *razionale* (quella degli uomini), l'anima *sensitiva* (quella degli animali) e l'anima *vegetativa* (quella delle piante). Aveva qualche dubbio solo sull'anima delle spugne, e anch'io, lo confesso, non ho mai capito se le spugne siano delle piante o degli animali.

L'anima di Pomponazzi, invece, non aveva niente a che vedere con quella aristotelica. Era una cosa che stava a metà strada tra il materiale e l'immateriale. Diciamo che si trovava al confine tra due diverse nature: lui la immaginava immateriale se confrontata al materiale, e materiale se confrontata all'immateriale.

Tutto questo, ovviamente, dette un fastidio tremendo alla Chiesa che considerava l'immortalità dell'anima il presupposto fondamentale della religione. Sostenere che l'anima non sopravvive al corpo equivaleva a negare tutto il meccanismo di premi e di castighi cantato da Dante Alighieri.

Pomponazzi fece di tutto per conciliare Aristotele col cristianesimo, ma per quanti sforzi facesse non riuscì mai a farli coesistere. Arrivò anche a dire che l'anima *odorat*, ovvero che profuma d'immortalità, ma non per questo gliela fecero buona. I suoi libri furono bruciati in piazza, a Venezia, tra uno stuolo di preti salmodianti e di lazzari che ci sputavano sopra.

A proposito di Pietro Pomponazzi,

parliamo dell'anima. Esiste o non esiste? E se esiste è mortale o immortale? Ebbene, che ci crediate o meno, questa è la domanda che, da Platone in poi, si sono posti quasi tutti i pensatori del passato. Ragioniamoci sopra anche noi e vediamo dove andiamo a parare.

Come prima cosa chiediamoci in quale parte del corpo si trova l'anima. Non nel cuore, certo, che è solo una pompa, peraltro anche stupida. Non nel cervello, che prima o poi (speriamo poi) è destinato a essere divorato dai vermi. Non nell'aria che ci circonda, giacché anche l'aria, poverina, ha i giorni contati. Che si muoia lo sappiamo. Che gli atomi che ci compongono un brutto giorno verranno dispersi, anche. Non ci resta, quindi, che sperare che una copia incorporea di noi stessi si trasferisca in qualche altro Universo. Ma quale?

*C'è chi dice che l'anima esiste da sempre, che si è infilata nel corpo dell'uomo in tempi antichi, salvo poi trasferirsi da una generazione all'altra. E quando è entrata per la prima volta? Due milioni di anni fa, quando facevo l'*homo abilis, *o un milione e mezzo di anni fa, quando mi raddrizzai e debuttai come* homo erectus? *O appena l'altro ieri (centomila anni fa) quando tutti mi chiamavano uomo di Neandertal? Ma allora anche gli animali hanno un'anima? Non credo... gli scarafaggi, ad esempio, penso proprio di no... forse i cani.*

L'ultima chance che ci resta è l'aldilà. Di che si tratta? L'aldilà, ammesso che esista, è diverso dall'aldiquà. Il mondo in cui viviamo è fatto di quattro dimensioni, tre di spazio e una di tempo. L'aldilà, invece, di dimensioni ne potrebbe avere molte di più, anche dieci o venti, e nel medesimo istante non avere il tempo. Non ha senso, quindi, chiedersi dove andremo «dopo» o dove stavamo «prima», giacché sia il «dopo» che il «prima» sono concetti che hanno a che fare col tempo.

Una sola cosa è sicura, ed è che fino a oggi non siamo mai riusciti a metterci in contatto con quelli dell'aldilà, checché ne dicano i medium, i maghi e tutti gli imbroglioni di questo mondo. Nemmeno con i telefonini ci siamo riusciti, ed è tutto dire. Evidentemente ci manca il prefisso.

Erasmo da Rotterdam (1466 - 1536)

IX

Erasmo da Rotterdam

Erasmo nacque a Rotterdam nel 1466. Figlio di un incontro casuale tra una vedova di nome Margherita e un prete spretato di nome Rotger Geertzs (fatto che fin da piccolo gli procurò un complesso d'inferiorità tremendo), a quindici anni venne messo in convento dagli zii, sacerdoti anche loro, i quali come prima cosa lo depredarono dell'eredità. Chissà che non sia stato questo il motivo per cui da quel momento in poi odiò tutti i preti che gli si pararono davanti. Non che non credesse in Dio, per carità, pur tuttavia la sua fede si rifaceva solo alle parole dette da Gesù e non andava oltre.

In convento strinse una forte amicizia col suo compagno di cella Servazio. Definirla amicizia forse è un po' riduttivo, dal momento che in seguito, quando qualcuno glielo nominava, lui si metteva subito a piangere. Non che tra loro ci fosse un rapporto omosessuale, anzi, pare che Erasmo frequentasse solo prostitute. Ciò non toglie che all'epoca le amicizie tra maschi erano molto frequenti. Racconta Huizinga che nel Cinquecento molte coppie di amici si spartivano il cibo, il letto, la camera, e si vestivano anche con gli stessi colori.

Col passare del tempo le mura del convento cominciarono a stargli strette, e lui prese a viaggiare come un forsennato. A Napoli, quando uno non sta mai fermo, si dice: «*Ca tene arteteca*». Ebbene, l'*arteteca* fu il modo di vivere di Erasmo. Lui non restava in uno stesso luogo nemmeno per una settimana: da Rotterdam andava a Parigi, da Parigi si recava a Londra, da Londra partiva per Roma, salvo poi tornarsene di nuovo a Londra il mese successivo.

A forza di girare, conobbe moltissimi personaggi, primo fra tutti un lord inglese, Tommaso Moro o Thomas More, di cui restò amico per tutta la vita. Moro aveva molti punti in comune con Erasmo: tutti e due erano religiosi e tutti e due erano nemici della religione, quella gestita dalle autorità ecclesiastiche.

Famoso il suo accapigliarsi con Lutero: Erasmo credeva nella responsabilità dell'uomo e Lutero nella predestinazione. Scrissero due saggi dove dissero peste e corna l'uno dell'altro. Il testo di Erasmo era intitolato *De libero arbitrio*, quello di Lutero *De servo arbitrio.*

A noi, però, l'unico libro che interessa è l'*Elogio della Follia.* Fu pubblicato in dodici lingue e in quaranta edizioni. Erasmo lo dedicò all'amico Moro con il pretesto che *moros* in greco vuol dire «pazzo». Ebbe questa idea mentre stava attraversando le Alpi a cavallo. Stando in sella più che pensare non poteva, ma come mise piede a terra cominciò a scrivere. Lo terminò a Londra. Protagonista del libro è la Follia.

Fin dalle prime pagine la bella signora si presenta ai lettori dicendo che tutto quello che nella vita merita di essere vissuto è stato opera sua. Dopodiché passa a elencare uno per uno i suoi meriti.

Perché siamo nati? Perché a suo tempo i nostri genitori si sono innamorati l'uno dell'altro. E che cos'è l'amore se non una forma di follia? Ci piace la musica? Non è forse un pazzo quello che un giorno, chiudendo gli occhi, l'ha composta? Visitiamo un museo e guardiamo estasiati una scultura di Fidia o un dipinto di Michelangelo. E che cosa sono la pittura e la scultura se non due manifestazioni della sua presenza? E lo stesso accade per tutte le cose che in qualche modo danno sapore alla vita: la convivialità, il sesso, la fama, la giovinezza, la vanità, il circo, la superstizione, il gioco d'azzardo e perfino la religione. «*La Saggezza sta alla Follia*» diceva Erasmo, «*come la Ragione sta al Sentimento.*»* Ragioniamoci sopra e ce ne convinceremo.

Nell'undicesimo paragrafo dell'*Elogio* Erasmo recita pressappoco così:

La testa, il volto, il cuore, le mani, le orecchie, sono tutte parti del corpo sommamente degne, nessuna di queste, però, è capace di generare un uomo o una donna. Solo un membro dall'aspetto ridicolo è in grado di farlo e guarda caso è impossibile nominarlo senza mettersi a ridere.

*[...] D'altra parte nessuno si metterebbe al collo il cappio di un matrimonio se non fosse alquanto impazzito e nessuna donna entrerebbe nel letto di un uomo se pensasse ai dolori del parto e ai fastidi di allevare i figli. La vita, quindi, è bella solo quando non si ragiona. Altro che il numero quaternario di Pitagora!***

Dello stesso parere è Platone quando fa dire a Socrate:

*Le grandi imprese sono il frutto della Follia che gli Dei concessero agli uomini, e così pure è opera della Follia l'amore che un essere umano nutre per un altro essere umano.****

* Johann Huizinga, *Erasmo*, edizione Einaudi, p. 86.
** Erasmo, *L'elogio della Follia*, edizione Mursia, par. XI.
*** Platone, *Fedro*, 245 XXIII.

D'altra parte, proprio di recente, è stato scoperto che sia l'innamoramento sia la Follia sono generati dal medesimo ormone, l'ossitocina, che, se prodotta in eccesso dalla ipofisi, stimola l'utero e altera il funzionamento del cervello. Ci si chiede, allora, se sia la Follia a precedere l'innamoramento o viceversa. Per Erasmo era la Follia, per il comico napoletano Nino Taranto, invece, accadeva il contrario: prima ci s'innamora e poi nei giorni successivi si diventa pazzi furiosi. In una sua celebre canzone degli anni Quaranta dice:

La faccia del pazzo l'ho fatta per te.
Il viso del folle lo tengo per te,
Ho venduto trecento carrozze,
Quattro penne di struzzo e un arazzo,
La faccia del pazzo l'ho fatta per te.

E sempre a proposito di follia chiudiamo con una curiosità. Tra i tanti ammiratori di Erasmo si annovera anche Silvio Berlusconi. Esiste, infatti, una sua prefazione a un'edizione dell'*Elogio*, dove l'attuale premier italiano confessa di aver ottenuto i suoi risultati migliori solo quando ha dato retta più al cuore che alla ragione.

Oltre all'*Elogio* e al *De libero arbitrio* (a cui Lutero replicherà polemicamente con il *De servo arbitrio*), Erasmo scrisse i *Proverbi*, e un libro di aforismi intitolato *L'educazione del principe cristiano*. Un testo dove il primo consiglio è quello di nominare un principe all'altezza del compito.

A chi si affida il timone durante la navigazione?
A chi sa governare una nave o a chi eccelle per bellezza e nobiltà di natali?

Seguono altre centinaia di consigli, tutti più o meno scontati come questo.

Da non trascurare, infine, due scritti dove Erasmo parla del matrimonio e del divorzio. Nel *Christiani matrimonii institutio* sostiene che in ogni rapporto il dialogo è di gran lunga più importante della bellezza, e nei *Colloqui* analizza un caso in particolare.

GABRIELE: *Una ragazza che sposa un impestato ha o non ha il diritto di divorziare?*

PETRONIO: *Non ce l'ha: il matrimonio è sacro e non può essere sciolto per nessuna ragione.*

GABRIELE: *Anche se il marito non le aveva detto di essere malato? È forse sacro un matrimonio basato sull'inganno?*

Lettori miei, prima di sposarvi o di divorziare, leggetevi Erasmo e chiedetevi se sia più folle il matrimonio o il divorzio.

A proposito di Erasmo da Rotterdam,

cerchiamo di capire che cavolo è il libero arbitrio.

Supponiamo che io voglia farmi assegnare l'appalto per il prossimo ponte sullo Stretto di Messina. Ho già i capitali, ho il progetto pronto e ho molti politici che si dichiarano a mio favore. L'unico che si oppone è quel fetentone del dottor Esposito, direttore generale del ministero dei Lavori Pubblici. Ha detto che non ha nessuna fiducia in me e che, finché ci sarà lui, io l'appalto me lo sogno.

Ho tre modi per fargli cambiare idea: convincerlo esponendogli meglio il mio progetto, corromperlo con un sacco di soldi o farlo uccidere dalla mafia. A questo punto entra in ballo il mio libero arbitrio e, a seconda della scelta, io andrò in Paradiso, in Purgatorio o all'Inferno.

Principale obiezione nei confronti di chi crede nel libero arbitrio: se Dio è onnipotente, e soprattutto se è onnisciente come mi dicono, Lui già sa quale scelta opererò. E allora che senso ha che io decida per il convincimento, la corruzione o l'omicidio? Io non potrò fare altro che ubbidire a quanto Lui ha già stabilito: non sono altro che un suo servo.

Ed ecco spuntare il De servo arbitrio *di Lutero.*

Vediamo, invece, come convincere l'uomo a scegliere la strada che più gli conviene. È facile: basta accettare i consigli di Socrate. Diceva il grande ateniese: «Fare del bene è sempre la scelta migliore, ma non per guadagnarsi i Campi Elisi, bensì perché, comportandoci da buoni con il nostro prossimo, si vive meglio».

Esaminiamo, infatti, la vita di un camorrista: è la peggiore che si possa immaginare. Vive quasi sempre nascosto per non farsi arrestare, prima o poi finisce in galera, è soggetto alle vendette trasversali o a essere ucciso dalla concorrenza. La sua stessa vita media è più breve. Pare, infatti, che quella dei crimi-

nali sia di sessantuno anni, laddove quella delle persone perbene arriva a ottantadue.

Se, però, potessi chiedere a Dio un piccolo aiuto, mi piacerebbe avere nella vita il sottofondo sonoro, come quello che ascoltiamo nei film. Mi spiego meglio: se un attimo prima di attraversare una strada sentissi una musica drammatica saprei con un certo anticipo che un'auto sta per investirmi, oppure, peggio ancora, se, incontrando una bella donna, sentissi dei violini molto romantici suonarmi una serenata, verrei avvisato del pericolo di un possibile innamoramento e avrei tutto il tempo per fuggire.

Tommaso Moro (1480 - 1535)

X
Tommaso Moro

Tommaso Moro (1480 - 1535) era un lord, forse il primo lord della storia della filosofia. Era nato a Londra al pari del suo maestro Erasmo e aveva un rapporto difficile con la Chiesa: era nel medesimo tempo un credente e un miscredente a seconda che avesse a che fare con i testi sacri o con le gerarchie ecclesiastiche. Purtroppo non andava d'accordo nemmeno con quelle politiche e qui va aperto un capitoletto a parte sulle vicende sentimentali di sua maestà Enrico VIII.

A Enrico venne affibbiata fin da piccolo una moglie, una certa Caterina d'Aragona, che, a detta delle malelingue, era racchia e bigotta. Lui la sopportò finché gli fu possibile, poi conobbe una signora e le di lei figlie Maria e Anna che lo affascinarono. Prima si portò a letto la madre, poi la figlia maggiore e poi la minore: la giovane e sexy Anna Bolena. Ma non contento di esserci riuscito la volle anche sposare, e qui iniziarono i guai. Per sposarla, infatti, aveva bisogno del divorzio e a quei tempi il divorzio lo poteva concedere solo il Papa. «*No problem*» disse Enrico VIII, quando glielo comunicarono, e il giorno dopo, in quanto re d'Inghilterra, si autoproclamò anche capo della Chiesa. Tommaso Moro, come Cancelliere del Regno, si permise di criticarlo e nel giro di un mese venne prima sbattuto in galera e poi, nel 1535, decapitato. A titolo di compenso, nella seconda metà dell'Ottocento, Pio IX lo nominò santo. Pace all'anima sua.

A parte queste truci vicende, il nome di Tommaso Moro è legato a un romanzo intitolato *Utopia*. Nel libro scritto in Olanda, a casa di Erasmo, si racconta di un marinaio portoghese, un certo Raffaele Itlodeo, che, in uno dei suoi tanti viaggi al seguito di Amerigo Vespucci, finì con l'approdare su un'isola sperduta chiamata Utopia.

Attenzione: *Utopia* in greco significa «non luogo», ovvero una «isola che non c'è», e a questo proposito ricordo che anche Platone, nella *Repubblica*, parlando della città ideale, tenne a precisare che non esisteva da nessuna parte.

Una volta sceso su quell'isola lontana, Raffaele Itlodeo vi rimase per cinque anni, e, a chi gli diceva che in un paese come quello avrebbe corso il rischio di non avere nemmeno una tomba, lui rispondeva: «*E che me ne importa! Uguale è la strada per arrivare al cielo, da qualunque punto si parta!*».

Utopia era lunga duecento miglia e aveva la bellezza di cinquantaquattro città, tutte uguali tra loro e con lo stesso numero di abitanti. Ogni città distava dalle altre ventiquattro miglia esatte: non un metro in più, non un metro in meno. Chi ne conosceva una le aveva conosciute tutte. Fondatore di Utopia nel 244 a. C. fu un certo Utopo, un navigatore di provenienza incerta, non si sa se egiziana, romana o greca. La capitale si chiamava Amauroto che in greco vuol dire «evanescente», e il fiume che la bagnava Anidro che sempre in greco significa «privo di acqua». Caratteristica fondamentale degli utopiani era l'inesistenza della proprietà privata. Nessuna casa aveva una porta che si potesse chiudere a chiave e ogni dieci anni le case venivano sorteggiate tra tutti gli abitanti per essere riassegnate di nuovo. Solo così i singoli proprietari non si sarebbero potuti affezionare alle loro case. Ogni palazzo era alto tre piani e aveva alle spalle un giardino di circa trenta metri quadri. Tutti lavoravano, o come contadini o come artigiani, e per sole sei ore al giorno (tre la mattina e tre la sera). Gli abiti erano tutti uguali: di lino bianco quelli estivi e di lana caprina quelli invernali. L'unico gioco consentito erano gli scacchi. Gli oggetti di lusso, tipo i gioielli, le perle, gli ori e gli argenti non avevano valore. I vasi da notte erano d'oro per abituare i bambini, fin da piccoli, a disprezzare i metalli preziosi. Ogni trenta famiglie si eleggeva un magistrato, detto *sifogranto,* e ogni duecento *sifogranti* si eleggeva un Principe. Per le decisioni comuni si ricorreva ai referendum. Ma non si votava subito, il giorno stesso stabilito dal Principe: si prendeva la scheda e la si riconsegnava il giorno dopo, non ancora segnata, questo per dare più tempo agli elettori di riflettere sull'argomento votato.

Straordinario quello che gli utopiani pensavano della guerra. Per loro vincere era una vergogna, motivo per cui, prima di dichiararla, facevano di tutto per scendere a compromessi. Arrivavano al punto di inviare al nemico dei fogliettini di carta con sopra scritta la somma che erano disposti a versare a chi avesse eliminato fisicamente il Principe avversario. Meglio rimetterci dei soldi, dicevano, che fare una guerra lunga e difficile. Per quanto alte fossero le ricompense, erano sempre più basse dei costi di una guerra. Solo tre erano i motivi validi per dichiararla: 1) difendere il proprio territorio, 2) liberare quello di un popolo amico, 3) eliminare un tiranno sanguinario. Tutto questo, comunque, sempre dopo aver provato con altri mezzi a convincere il nemico.

Qualche maligno ha messo in giro la voce che Tommaso Moro, nel comporre *Utopia,* abbia copiato dalla *Repubblica* di Platone, ma a leggerlo con attenzione ci si rende subito conto che non è vero. La *Repubblica* è più un'anticipazione del nazismo, laddove *Utopia,* a voler essere proprio cattivi, precorre solo il comunismo. Quella di Utopia, insomma, è una scelta di vita dove l'uguaglianza è considerata un bene ancora più importante della felicità. Uguali le città, uguali i vestiti, uguali le case, uguali i redditi, uguali le ore di lavoro e uguali anche i mestieri. Vivere a Utopia doveva essere di una noia mortale.

Grazie a Dio, noi in Italia siamo tutti diversi: ci sono i ricchi e i poveri, i buoni e i cattivi, gli stupidi e gli intelligenti, i grassi e i magri, e l'unico bene che ci rende tutti uguali è il telefonino.

A proposito di Tommaso Moro,

dovendo descrivere un'isola ideale, come me la immaginerei? Ebbene, innanzi tutto vorrei che non ci fossero le automobili. Farei le strade strette, ma così strette che nessun veicolo, per quanto piccolo, le potrebbe percorrere. E non basta: per evitare le biciclette vorrei anche che le strade fossero tutte in salita e in discesa. Ovviamente i motorini sarebbero severamente vietati, il solo rumore mi darebbe fastidio. Mi piacerebbe inoltre che avesse un'unica piazzetta, non molto grande, situata giusto al centro, per dar modo agli abitanti d'incontrarsi, di sedersi a un bar e di chiacchierare del più e del meno, magari bevendo un caffè. Poi vorrei che avesse tre terrazze panoramiche: una rivolta a sud, con vista sugli scogli, una rivolta a ovest, molto alta sul livello del mare, in modo da impedire ai turisti di scendere e di sporcare le rive, e infine una rivolta a est che mi consentisse di vedere le albe. L'isola, comunque, la si potrebbe anche circumnavigare con delle barche. E dovrebbe infine essere impreziosita da una grotta misteriosa di colore azzurro con un'entrata così bassa da costringere i visitatori ad abbassare la testa per entrare. Oddio: ma questa è Capri!

Niccolò Machiavelli (1469 - 1527)

XI
Niccolò Machiavelli

Leggo sul dizionario Sabatini Coletti che «machiavellico» vorrebbe dire «falso» e non sono affatto d'accordo: se c'è stato un uomo che non ha mai detto una bugia costui è Niccolò Machiavelli. Che io sappia ha sempre scritto tutto quello che pensava e non ha mai finto di essere un sant'uomo. A voler essere proprio critici lo si potrebbe definire un cinico. Nel suo capolavoro, *Il Principe,* tenta di dare dei consigli pratici a un capo di Stato affinché possa mandare avanti la baracca alla meno peggio. Attenzione: ho detto «meno peggiore dei modi» non ho detto «migliore dei modi», proprio per sottolineare il fatto che quello del Principe è un mestiere difficile. «*È indispensabile*» sostiene il Machiavelli «*che sia un gran simulatore, dal momento che chi è ingannato è quasi sempre disposto a lasciarsi ingannare.*»*

Niccolò Machiavelli nacque nel 1469, a Firenze, e morì d'infarto nel 1527. Non aveva ancora trent'anni quando, nel 1498, pochi giorni dopo la condanna al rogo di Savonarola, venne nominato Segretario dei Dieci, carica a quei

* Niccolò Machiavelli, *Il Principe*, cap. XVIII.

tempi molto ambita dai giovani fiorentini. In quel periodo, a Firenze, c'era ancora la Repubblica, sennonché, una volta tornati i Medici, per il povero Machiavelli cominciarono i guai. Nel 1512 venne trovata in tasca a un avversario della famiglia dominante una lista con una ventina di nomi di congiurati e tra questi, purtroppo, c'era anche quello di Niccolò. Vera o non vera che fosse la partecipazione al complotto, venne arrestato, condannato a un anno di confino e multato per mille fiorini d'oro. Poi, come se tutto questo non bastasse, fu appeso per le mani e torturato.

Una volta terminata questa terribile esperienza, si ritirò a vita privata, a San Casciano in Val di Pesa, e lì, nella quiete più assoluta della campagna toscana, non avendo niente altro da fare, scrisse, oltre al *Principe,* le sue opere migliori e cioè i *Discorsi sopra la prima deca di Tito Livio,* le *Istorie fiorentine,* l'*Asino d'oro,* la *Mandragola,* la *Vita di Castruccio Castracani,* il *Belfagor arcidiavolo,* l'*Arte della guerra,* e la commedia *Clizia.* Scrisse anche alcune canzonette tra cui una intitolata *Perché la vita è breve.*

Era solito definirsi: «*storico, comico e tragico*», ma in realtà avrebbe voluto essere ricordato come poeta. In una lettera indirizzata a Ludovico Alemanni scrive:

*Ho letto l'*Orlando furioso *dello Ariosto et veramente il poema è bello tutto, et in molti luoghi è mirabile. Se si trova costì, raccomandatemi a lui, et ditegli che io mi dolgo solo che, havendo ricordato tanti poeti, mi habbi lasciato indietro come un cazzo.**

A sottolineare la vena poetica e teatrale del Machiavelli sono soprattutto l'*Asino d'oro,* un poema di oltre mille ver-

* Per saperne di più, si consiglia di leggere il saggio di Lucio Villari intitolato *Niccolò Machiavelli,* edizione Piemme.

si, e la *Mandragola*, una commedia dove una bella donna, che non può avere figli dal marito, viene convinta a tradirlo con uno stratagemma. Le si dice: «Tu prima farai bere a un uomo che noi ti presenteremo un decotto miracoloso (la mandragola) e poi farai l'amore con lui. Dopodiché lui morirà e tu avrai il figlio che tanto desideri».

Mah? Tutta questa messa in scena solo per portarsela a letto mi sembra alquanto esagerata! Resta il fatto, però, che, a sentire le malelingue, Machiavelli sarebbe stato un grande sciupafemmine. Citando Boccaccio, era solito dire: «*Meglio fare e pentirsi, che non fare e pentirsi lo stesso*». Ebbe molte amanti, tra cui la Riccia, la Maliscotta e la Barbara Raffacani Salutati. E, sempre in tema di sesso, ecco alcuni versi tratti dal suo poema l'*Asino d'oro.*

...a lei mi accostai
stendendo fra lenzuol la fredda mano.
E come poi le sue membra toccai
un dolce sì soave al cor mi venne
quand'io credo non gustar giammai.
Non in un loco la man si ritenne,
ma, discorrendo tutte le membra sue,
la smarrita virtù tosto rinvenne.

Insomma, non si deve credere che fosse unicamente dedito al suo lavoro di studioso e di scrittore. Gli piaceva anche fare il perdigiorno, «uccellare» con le donne e «ingaglioffirsi» con gli uomini. Questi due verbi facevano parte del suo modo di parlare.

Ecco qui di seguito una giornata del Machiavelli raccontata da lui medesimo in una lettera inviata a Francesco Vettori, ambasciatore fiorentino presso la Santa Sede:

Partitomi del bosco, io me ne vo a una fonte, et di quivi in un mio uccellare. Ho un libro sotto, o Dante, o Petrarca, o un di questi poeti minori, come Tibullo, Ovvidio et simili; leggo quelle loro amorose passioni et quelli loro amori... Transferiscomi poi in su la strada nell'hosteria, parlo con quelli che passono, domando delle nuove de' paesi loro... Vienne in questo mentre l'hora del desinare... Mangiato che ho, ritorno nell'hosteria: quivi è l'hoste, per l'ordinario, un beccaio, un mugniaio, dua fornaciai. Con questi io mi ingaglioffo per tutto il dì giocando a criccha, a triche-tach.

E finisce dicendo:

Venuta poi la sera, torno in casa et entro nel mio scrittoio; et in su l'uscio mi spoglio quella veste cotidiana, piena di fango et di loto... e non sento per quattro hore di tempo alcuna noia, sdimentico ogni affanno, non temo la povertà, non mi sbigottisce la morte.

Fondamentale, però, per il Machiavelli l'incontro con Cesare Borgia. E qui occorre riepilogare vita morte e miracoli di una delle famiglie più rappresentative del nostro Rinascimento.

Cominciamo con il bisnonno: Alonso Borja, in arte Callisto III. Il suo papato durò appena tre anni, sufficienti, però, per nominare come suo successore il nipote Rodrigo, ovvero il famoso Alessandro VI. Ebbene, se si facesse una gara fra tutti i Papi per stabilire chi è stato il più dissoluto non ci sarebbero dubbi: vincerebbe Alessandro a mani basse. Appena eletto Papa, sfruttò il soglio per sistemare i suoi quattro figlioli, Giovanni, Cesare, Lucrezia e Gioffredo, tutti avuti da donne diverse. Quindi si costruì un harem su misura, nel quale sembra figurasse anche la figlia Lucrezia. «*Questo uomo*» si diceva di lui «*ha nel medesimo tempo un grande talento e un'altrettanta grande cattiveria: è come una spada nelle mani di un pazzo.*»

Lucrezia, a sua volta, sempre per ragioni di potere, fece fuori uno dopo l'altro tre mariti, il secondo dei quali soffocato con un cuscino mentre stava dormendo. Bella e affascinante come nessun'altra donna di quel periodo, era quanto di più pericoloso si possa immaginare. Andarci a letto significava volersi suicidare. E anche lei, salute a noi, scese nella tomba a soli trentanove anni.

Non parliamo poi del giovane Cesare, il famigerato duca Valentino. Nel giro di pochissimi anni tutti quelli che ebbero la sfortuna d'incontrarlo fecero una brutta fine. Cito a memoria, così come mi vengono in mente, i principi di Forlì e di Imola, Vitellozzo Vitelli, Pandolfo Malatesta, Astorre Manfredi, Oliverotto da Fermo, Paolo e Francesco Orsini, Guidobaldo da Montefeltro e tanti altri che al momento mi sfuggono. Chi ucciso in battaglia, chi annegato nel Tevere, chi a casa sua, chi strangolato da un sicario e chi avvelenato mentre stava celebrando la propria festa di compleanno. Nessuno, dico nessuno, che sia riuscito a raggiungere la vecchiaia.

Ebbene, cosa ne pensò Machiavelli di un individuo simile? Niente di male per carità. Quel modo di agire, a suo giudizio, era l'unico in grado di mettere in piedi uno Stato sovrano in Italia. «*Tanto è vero*» precisò «*che ha unito la Romagna facendola diventare un paese tranquillo che ora vive in santa pace.*» Non è così importante, aggiungeva, che il Principe sia leale, magnanimo e rispettoso della religione, ma che tale appaia agli occhi dei sudditi. Come dire che «*il fine giustifica i mezzi*». Anche se, a quanto pare, questa frase il Machiavelli non l'ha mai pronunciata: gli fu solo attribuita da un gesuita del Settecento in segno di disprezzo. Certo è che quando fu istituito l'*Indice dei libri proibiti,* il suo *Principe* figurò in cima alla lista, come opera, secondo un cardinale, scritta con il «*dito del diavolo*».

A proposito di Niccolò Machiavelli,

oggi il Principe, in Italia, dovrebbe essere Silvio Berlusconi. Che dire di lui? Che non ha imparato la lezione fino in fondo. Urge che si rilegga al più presto Il Principe. *Il nostro premier, infatti, Dio solo sa perché, non è capace di dire bugie: di tanto in tanto dice tutto quello che pensa, e si dimentica che un vero uomo politico deve essere* «un gran simulatore e dissimulatore».

Prendiamo, ad esempio, le dichiarazioni rilasciate in Bulgaria quando disse chiaro e tondo che lui non sopportava Michele Santoro ed Enzo Biagi. Apriti cielo! Tutti i giornali e tutti i partiti dell'opposizione a criticarlo. Come si sarebbe comportato, invece, il Principe di Machiavelli? Li avrebbe fatti fuori col tempo, piano piano, senza mai parlare male di loro, ma convincendo chi di dovere a non inserirli più nei programmi televisivi.

Altro caso: un bel giorno non ce la fa più a trattenersi e afferma che gli orientali sono meno civili degli occidentali. Anche qui un diluvio di proteste: mezzo mondo che pretende le scuse. Ebbene, il Principe al suo posto si sarebbe limitato a dire che gli orientali sono più religiosi degli occidentali. Avrebbe espresso lo stesso concetto e non si sarebbe offeso nessuno.

Io, però, per come sono fatto, sono l'ultimo a capire le esigenze del Principe. Non ho alcun interesse per il Potere. Vedo i politici litigare in tivù, e non riesco proprio a capirli. Vedo i capi di Stato scatenare guerre a ripetizione, e mi chiedo se sanno che la vita è molto breve e che da qui a poco dovranno morire. A vederli sembrano ragazzi che stanno giocando al Monopoli.

Fossi Berlusconi, già da tempo sarei andato in tivù, a reti unificate, e avrei fatto alla nazione il seguente discorso: «Italiani, di tanto in tanto vengo accusato di conflitto d'interessi. Ebbene, che dirvi? Avete proprio ragione: il conflitto c'è ed è inevitabile, qualsiasi altro capo di governo se lo ritroverebbe. Ho deciso, pertanto, di dare le mie dimissioni. Ho soldi sufficienti per vivere in santa pace per il resto della vita. Da questo momento in poi voglio dedicarmi solo agli affetti personali, a mia moglie e ai miei figli. Vi lascio, quindi, nelle mani delle sinistre, in quelle di D'Alema, di Fassino e di Rutelli, e vi auguro tanta tanta felicità».

Machiavelli si rivolterebbe nella tomba.

Francesco Guicciardini (1483 - 1540)

XII
Francesco Guicciardini

Diciamolo subito: Guicciardini (1483 - 1540) era più machiavellico di Machiavelli. Era infatti un superpragmatico, uno che non aveva alcun interesse per gli argomenti cosiddetti metafisici. Da bravo razionalista qual era, credeva più nel Caso che nel Destino. Tutti i discorsi su Dio, sull'anima e su ogni cosa che non si può toccare con mano, non lo interessavano affatto. A suo dire, servivano solo a fregare i più semplici, e lui quando diceva «semplici» intendeva dire «stupidi». Ma, dal momento che gli stupidi sono anche la maggioranza, non poteva fare a meno di studiare i metodi di coloro che se ne approfittano.

Scrive Guicciardini: «*Tre sono le cose che più desidero al mondo. E precisamente: vivere in una Repubblica ordinata, tenere i barbari fuori dall'Italia e avere un mondo liberato dalla tirannide di questi scellerati preti. Pur tuttavia, non mi faccio molte illusioni: sono desideri che non si realizzeranno mai*». Quest'ultima frase, all'epoca, bastava e avanzava per finire in carcere. Ma lui non ebbe alcuna paura a scriverla nero su bianco. Poi, per maggiore precisione, avvisò i lettori che per ottenere questi risultati era indispensabile usare più il cervello che il cuore e, soprattutto, tener conto che ogni uomo agisce per il «*particulare*», ovvero per il proprio interesse personale. Questo in sintesi il suo pensiero politico.

Terzogenito di otto figli, Guicciardini ebbe un'adolescenza piuttosto difficile. In casa non c'erano soldi sufficienti per tutti e quindi, fin da ragazzo, dovette darsi da fare per sopravvivere. Lui era nato primo della classe: dovunque andava finiva con l'essere il migliore. Non a caso fu soprannominato «Alcibiade» dai suoi stessi compagni di scuola. Come primo mestiere fece l'avvocato, poi si dette anima e corpo alla politica, e qui, tra i Medici che avevano ripreso il potere, e i Papi che facevano il bello e il cattivo tempo, si guadagnò la stima di tutti. Fu uno dei propugnatori di una lega antimperiale promossa da Clemente VII.

Anche lui ebbe numerose amanti e si racconta che ne abbia avuta una in società con Machiavelli. Si chiamava la Maliscotta e si faceva anche pagare.

Negli ultimi dieci anni di vita, tra il 1530 e il 1540, scrisse una *Storia d'Italia* e i *Ricordi politici e civili*, a mio avviso più politici che civili.

A proposito di Francesco Guicciardini,

ho immaginato un incontro tra lui e il Machiavelli. Ecco, grosso modo, quello che si sono detti:

«Caro Francesco» dice il Machiavelli, «come tu ben sai, noi abbiamo una donna in comune: la Maliscotta. E sai anche che ogni volta che lei ci viene a trovare noi la paghiamo. Ora, non hai paura che per due come noi, di alto livello intellettuale, il pagare una donna, affinché soddisfi i nostri più bassi istinti, sia disdicevole?»

«È esattamente il contrario di quanto dici, mio illustre collega» risponde il Guicciardini. «Il fatto che noi la si paghi è in linea con i nostri principi politici.»

«Davvero! E perché mai?»

«Caro il mio Niccolò. Che desideriamo noi sopra ogni cosa al mondo? La libertà. E che cos'è il sesso se non una forma di schiavitù? Noi, invece, con una modesta somma di denaro, e devi convenire che è davvero modesta, paghiamo codesta Maliscotta e lei in meno di un'ora ci libera dalle catene della lussuria. Sia chiaro, però, che noi la paghiamo non perché accetti di giacere con noi, ma perché dopo se ne vada. E tutto questo solo per far riposare il cervello. Sappi, infatti, che "la ricreazione è più necessaria della turbolenzia"*.»*

Insomma, per Guicciardini, il denaro dato alla Maliscotta non era una «marchetta» ma una «liquidazione». Fosse vivo oggi, proporrebbe la riapertura delle case chiuse.

Martin Lutero (1483 - 1546)

XIII
Martin Lutero

Tutto cominciò quasi un secolo prima per colpa di Giovanni (o Jan) Hus (1369 - 1415), un predicatore boemo. Costui si mise a criticare i preti del suo paese per le indulgenze che concedevano a pagamento, e un cardinale, Pietro d'Ailly, nel corso del concilio di Costanza, prima lo scomunicò e poi lo condannò al rogo. Hus salì sul patibolo cantando e insieme a lui vennero bruciate tutte le duecento opere che aveva scritto. Il suo movimento religioso fu chiamato ussitismo.

All'epoca, per fare soldi, la Chiesa aveva trovato un sistema infallibile: vendeva le assoluzioni. Bastava pagare un tanto a peccato e qualsiasi nefandezza uno avesse commesso gli veniva perdonata. Sui peccati sessuali, poi, la tariffa era particolarmente alta. Un po' come accade oggi con il condono fiscale: ci sono tre aliquote, l'8 per cento, il 6 per cento e il 4 per cento, a seconda di quanto il contribuente ha evaso negli anni precedenti. Nel Cinquecento si trattava di peccati mortali, oggi di tasse non pagate. Concettualmente è la stessa cosa: non sarebbe giusto, ma è utile ai fini del bilancio.

La vera differenza tra il Medioevo e il Rinascimento sta nel diverso ruolo svolto dai preti: nel Medioevo erano gli interpreti obbligatori tra i fedeli e Dio, nel Rinascimento, invece, si limitavano a consigliare il peccatore per poi lasciarlo libero di fare quello che voleva. Hus diceva: «*Il Purgatorio non esiste e se anche esistesse non è certo con i soldi che lo si potrebbe evitare*».

Morto Hus, ma non scomparsa la sua dottrina, un altro frate alcuni decenni dopo ne ereditò il mandato: si chiamava Martin Lutero (1483 - 1546). Anche lui si mise a protestare e mai come allora il verbo «protestare» fu coniugato: divenne il vessillo di un movimento religioso che scosse la Chiesa dalle fondamenta.

Lutero era un agostiniano nato a Eisleben in Germania. Pare che la decisione d'indossare la tonaca l'abbia presa una sera, sotto la pioggia, quando vide un fulmine cadergli a pochi passi di distanza. «Questo è un messaggio di Dio» esclamò, e appena finito di piovere corse a farsi frate. Non ebbe un'infanzia felice: il padre e la madre si davano i turni per picchiarlo con la frusta. Non l'avessero fatto, chissà, magari oggi non esisterebbe il protestantesimo.

Martin Lutero non aveva un carattere facile: di Roma pensava il peggio possibile. C'era stato una volta sola, inviato dai fratelli agostiniani, e ne era rimasto disgustato. A sentire lui, il Papa «*era un sultano che si faceva servire i pranzi da dozzine di ragazze nude*», la Curia «una specie di filiale di Satana» e la città «*una nuova Babilonia*».* Ci scrisse sopra una condanna articolata in novantacinque tesi e nel 1517 le affisse alla porta della chiesa del castello di Wittenberg. Ora io a Roma ci vivo da trent'anni e giuro che, a parte il traffico e i cortei dei No global, non ho mai visto una sola manifestazione demoniaca.

La risposta di Leone X non si fece attendere: se entro sessanta giorni il frate Martin Lutero non avesse ritrattato tut-

* Sull'argomento si consiglia di consultare *L'Italia della Controriforma* di Indro Montanelli e Roberto Gervaso, edizione Rizzoli.

to, dalla prima all'ultima parola, sarebbe stato scomunicato. Lutero, però, non cedette. Nacque così la Riforma protestante che, oltre a essere un movimento religioso, fu anche un rivolgimento politico. Ai principi tedeschi non parve vero di poter approfittare di questo fraticello per togliersi di dosso lo strapotere della Chiesa e, soprattutto, per non pagare più le tasse alla Curia di Roma. Lo stesso Lutero, una volta dichiarato eretico, si salvò grazie alla protezione del principe Federico di Sassonia. Fu più volte invitato a Roma dal Papa, ma lui col cavolo che ci andò.

Oggi, a cinque secoli di distanza, molte delle sue idee sembrano azzeccate. Dove non si può essere d'accordo è sul tema della predestinazione. Diceva Lutero: gli esseri umani si dividono in due categorie, quelli che posseggono la Fede, perché sono stati scelti da Nostro Signore, e quelli che non la posseggono e che si debbono accontentare della Ragione, anche definita «*la meretrice del diavolo*». Non sono quindi le buone azioni ad aprirci le porte del Paradiso, ma la Fede. Chi ce l'ha, ce l'ha, e chi non ce l'ha, non ce l'ha. È stato Dio a scegliere le pecore che si salveranno. Sull'argomento Lutero scrisse un libello intitolato *De servo arbitrio* dove sostenne il principio che «*non sono le opere buone a fare l'uomo buono, ma è l'uomo buono a fare le opere buone*», ragione per cui chi è stato creato cattivo fin dall'inizio è inutile che si travesta da buono, che indossi il cilicio o che vada in chiesa, sempre all'Inferno dovrà andare. Ciò detto, Lutero, rispetto all'Umanesimo, segna un passo indietro. È quasi un ritorno al Medioevo.

A quarantadue anni si sposò con una monaca, una certa Caterina di Bora, che gli diede sei figli. Tenuto conto che era stato un frate, più riformatore di così non avrebbe potuto essere.

A proposito di Martin Lutero,

e del fatto che la Fede la si possa avere e non avere: io confesso di non averla. Ci ho scritto sopra anche un libro, intitolato Il Dubbio. *Ma esaminiamo con cura il problema.*

Io non capisco quelli che sono così sicuri dell'esistenza di Dio, così come non capisco quelli che con altrettanta sicurezza affermano che non c'è. Il credente e l'ateo sono, a mio avviso, due presuntuosi, con i quali non mi posso identificare. In compenso, pratico il Dubbio positivo. Perché positivo? Perché ho sostituito il verbo credere *con il verbo* sperare. *In altre parole io* spero *che ci sia e ho paura che* non *ci sia. Nulla mi spaventa di più del pensiero che dopo la morte esista solo il «nulla», che si muore e basta! Dubitando ogni giorno, però, sto sempre a chiedermi se Dio esiste o non esiste, e finisco per stare in Sua compagnia più di chi ha creduto nella sua esistenza una volta per tutte, e non si è posto mai più la domanda.*

Invidio quelli che hanno la Fede, quella con la F maiuscola: vivono meglio di noi che dubitiamo. Mia madre, ad esempio, la vidi sempre serena, anche negli ultimi istanti di vita. Lei andava ogni mattina in chiesa, alla parrocchia di Santa Lucia, e se ne ritornava come se avesse bevuto un elisir di felicità.

Purtroppo non è che la Fede la si possa conquistare con i ragionamenti. Non posso dire a me stesso: «Da domani ho deciso di credere!». È già difficile smettere di fumare, figuriamoci di dubitare.

XIV
Ulrico Zwingli

Ulrico Zwingli nacque a Wildhaus in Svizzera nel 1484. Terzo di dieci figli, studiò a Vienna, a Berna e a Basilea. Il padre magistrato lo volle per forza sacerdote. Lui fece carriera e in breve tempo divenne parroco nella cattedrale di Zurigo. Nei primi anni fu preso da una profonda ammirazione per i classici. Ebbe varie cotte. I suoi autori preferiti erano nell'ordine: Platone, Aristotele, Epitteto e Seneca. Per poterli leggere in versione originale imparò da solo il greco e il latino. Era solito dire: «*A volte valgono più una frase di Cicerone o una strofa di Pindaro che non un versetto del Vangelo*».

Da giovane fu un ammiratore sfegatato di Erasmo da Rotterdam e di Pico della Mirandola. Le attività che lo resero famoso in Svizzera furono la predicazione e la politica. Come predicatore, in particolare, pare che disponesse di una voce straordinaria, quasi come se avesse in petto un microfono incorporato. Parlava con grande semplicità e si faceva sentire in ogni parte della chiesa, anche nelle ultime file.

Nei confronti di Erasmo, però, passò dall'ammirazione sconfinata all'antipatia più assoluta, e sempre per colpa di Lutero e del libero arbitrio. Secondo Zwingli, l'uomo è un predestinato dalla nascita e la salvezza la può ottenere solo se ha ricevuto la Fede in dono da Dio. Per Erasmo, invece, capita l'esatto contrario: a decidere è il modo in cui è vissuto e come si è comportato con il prossimo.

Anche Zwingli si scagliò contro il Papa per lo sporco commercio delle indulgenze. Non era un mistico come Lutero, o un puritano come Calvino, ma quando vedeva i preti cancellare i peccati come se niente fosse, anche in cambio di contanti, non poteva far finta di niente. Un giorno prese a male parole un certo Samson, un prete che aveva addirittura esposto in chiesa un listino prezzi.

Nel 1519 in Svizzera scoppiò una terribile pestilenza. Zwingli, religioso com'era, si dedicò al volontariato. Passò giorni e notti ad assistere i malati. Scrisse perfino una poesia intitolata *L'inno alla peste*, dove, rivolgendosi a Nostro Signore, diceva: «*O Dio misericordioso, decidi tu della mia sorte: se pensi che per me sia più vantaggioso morire, lasciami morire, altrimenti salvami*». Dio lo salvò.

Si arruolò come cappellano in una delle tante guerre indette da Giulio II, e rimase sconvolto alla vista dei soldati che gli morivano intorno. Non faceva a tempo a dare l'estrema unzione a uno che ce n'era un altro che lo chiamava disperatamente.

Oltre al fervore religioso, era anche animato da un grande spirito nazionalistico: lui in pratica tifava per il Zurigo e non perdeva occasione per dimostrarlo. Ora, bisogna sapere che all'epoca la Svizzera non era come oggi uno Stato indipendente, ma un insieme di staterelli, i cosiddetti cantoni, che Lutero aveva diviso in due schieramenti contrapposti: da una parte c'erano quelli rimasti fedeli al Papa e dall'altra quelli che avevano abbracciato le tesi della Riforma. Zwingli si era schierato con questi ultimi, anche se con alcuni distinguo. Pur essendo convinto della predestinazione, aveva abolito tutta una serie di riti, da lui definiti superstiziosi, quali ad esempio i fioretti, i digiuni e le processioni in onore dei santi. Si dichiarò contrario al celibato ecclesiastico e, anche per dimostrarlo con i fatti, ebbe numerose amanti, finché non mise la testa a posto e non sposò una vicina di casa di nome Anna Reinhard. Poi, quando scoppiò la guerra tra i cantoni, si arruolò nell'esercito di Zurigo e morì in battaglia, a Kappel, nel 1531.

Giovanni Calvino (1509 - 1564)

XV

Giovanni Calvino

Giovanni Calvino (1509 - 1564) era francese. Il suo vero nome era Jean Cauvin. Era nato a Noyon, dalle parti di Compiègne, al centro della Francia. Rimasto orfano di madre quando non aveva ancora compiuto sei anni, venne messo in collegio. Ne uscì sacerdote e si trasferì a Parigi dove conobbe il rettore dell'università, l'illustre professor Guglielmo Cop, grande estimatore di Lutero. A vedere un ritratto di Calvino si nota subito una qualche somiglianza con Bin Laden. Questo, però, non ci deve influenzare, anche se nei confronti delle donne la pensavano più o meno alla stessa maniera.

Si dice che fosse un giovane timido, sgobbone e bigotto. Nel giro di pochissimi anni si dimostrò agli occhi di Cop un allievo perfetto. Abbracciò la teoria della predestinazione e per queste sue convinzioni ebbe anche qualche fastidio: fu arrestato due volte e due volte amnistiato.

Per Calvino, Dio aveva previsto tutto fin dall'inizio, fin dai tempi di Adamo ed Eva. L'uomo, quindi, non poteva fare assolutamente nulla per cambiare la propria sorte. Ora sembra incredibile come l'idea della predestinazione abbia potuto attecchire presso popoli progrediti quali immagino fossero i francesi, gli svizzeri, gli inglesi e gli scozzesi. Eppure, se ci si riflette sopra un pochino, si capisce come l'appartenere a un gruppo di eletti possa essere di gran lunga più gratificante dell'ottenere quegli stessi benefici a forza di preghiere e di buone azioni. Per i protestanti, infatti, la fede in Dio è anche la fede in se stessi. «Sono uno degli eletti» dice il calvinista, «e debbo assolutamente comportarmi come tale.»

Qualcosa del genere, credo, accade anche ai giorni nostri con il calcio: al tifoso piace dichiararsi laziale o romanista, e questo perché avere in comune un ideale con tante altre persone gli aumenta la fede. E non basta: secondo la morale calvinista, il diventare ricchi, magari a spese dei poveri, non è una dimostrazione di egoismo, ma un segno della benevolenza divina.

A questo punto non posso fare a meno di chiedermi: vuoi vedere che anche il capitalismo è stato un'invenzione di Calvino? Confrontato, infatti, con il luteranesimo, è alquanto più ottimista nei confronti di Dio e un filino più pessimista nei confronti dell'uomo.

La città dove questo modo di credere avrebbe finito col diventare legge fu Ginevra, da Calvino definita *«la città di Dio»*. All'inizio il nostro pensatore trovò delle forti resistenze da parte dei politici liberali, o, per dirla con parole sue, dei «libertini»; poi, una volta preso il potere, nessuno riuscì più a fermarlo. Nel giro di vent'anni fece fuori quarantotto infedeli inviandoli tutti al patibolo. Tra questi anche un bravissimo medico di nome Michele Serveto. Fino all'ultimo minuto al povero disgraziato venne chiesto di dichiararsi luterano, ma lui preferì entrare nelle fiamme piuttosto che ammettere di credere nella predestinazione.

Sotto la «dittatura» calvinista tutti i ginevrini erano obbligati a frequentare almeno una volta al giorno la chiesa. Anche i malati erano tenuti a farlo, a eccezione, ovviamente, dei paralitici. Il gioco d'azzardo, l'ubriachezza e l'adulterio (solo quello delle donne) erano puniti con il carcere. Bisognava essere puri, diceva Calvino, anzi puritani! E per verificare che tutti ubbidissero ai suoi precetti istituì una specie di magistratura chiamata la «Venerabile Compagnia». Sui dieci comandamenti, poi, scrisse un intero libro intitolato *I principi della religione cristiana*, dove i principi erano un pochino più medioevali di quelli medioevali.

Su un concetto, però, non gli si potrebbe dare tanto torto. Esattamente sul peccato. Il peccato è peccato, e non si cancella con una semplice confessione, per poi ricominciare...

Giunto a una certa età, Calvino decise di sposarsi. «Non è necessario che sia bella» disse a uno dei suoi collaboratori, «l'importante è che sia casta, economa e attenta alla mia salute.» Si sposò con una vedova bruttina, che in compenso, però, era un'ottima cuoca. Un po' malandati in salute e relativamente giovani, morirono praticamente insieme.

A proposito di Giovanni Calvino,

non posso fare a meno di ricordarmi di una mia fidanzata degli anni Cinquanta, una certa Francesca. Una sera, verso le otto, eravamo in macchina nella mia Cinquecento, in cima al Parco della Rimembranza, il posto dove a quei tempi noi ragazzi c'infrattavamo per darci qualche bacio. Avevo già incollato i giornali ai finestrini, quando le chiesi dov'era stata la sera precedente. Io le avevo telefonato di continuo senza mai trovarla. Lei allora mi confessò di essere andata a «farsi una vasca» a via dei Mille con un certo Giorgio, suo compagno di università. Alla mia obiezione che quel Giorgio lì passava per essere un puttaniere, lei rispose che nel suo caso il termine non era appropriato, dal momento che Giorgio non l'aveva pagata. Io replicai che una ragazza seria non va a passeggio con tutti e lei reagì dicendo che allora non avrebbe dovuto uscire nemmeno con me. Insomma, litigammo. Dopodiché Francesca se ne uscì dalla Cinquecento sbattendo con forza la portiera. Ma prima di andarsene mi disse: «Ho capito: sei un calvinista!».

Io rimasi lì, come un allocco, chiedendomi che diavolo avesse voluto dire. Corsi a casa, presi il Lamanna, il mio libro di filosofia, e capii che calvinista vuol dire anche «puritano».

XVI
Niccolò Copernico

Caro lettore,
se è l'una, se il cielo è limpido e se non hai niente da fare, invece di rintanarti in casa a vedere il telegiornale, sali un attimo in terrazzo e mettiti a guardare il Sole. Prova per qualche attimo a calarti nei panni di Claudio Tolomeo, a immaginare di vivere nel II secolo d. C., e di dover stabilire se sei tu che stai girando intorno al Sole o se è il Sole che sta girando intorno a te.

Il quesito, diciamolo subito, non è facile. Per rendersene conto basta stare seduti su un treno, in una stazione qualsiasi, e chiedersi se sia il nostro treno che si sta muovendo o se è quello che ci sta accanto. Lui, Tolomeo, optò per la seconda soluzione, e prima di lui Ipparco e Aristotele avevano ipotizzato un mondo formato da sfere concentriche con al centro la Terra e con all'esterno un girotondo di stelle. Questo Universo, però, pur essendo di dimensioni enormi, non era infinito, dal momento che, sempre a detta di Aristotele, l'infinito non è un luogo ma un'idea.

I primi dubbi, piuttosto, sorsero quando ci si accorse che le traiettorie dei pianeti, col passare degli anni, non erano sempre le stesse. Qualcuno, allora, cominciò a sospettare che anche la Terra dovesse muoversi. E fu così

Niccolò Copernico (1473 - 1543)

che, pensando e ripensando, si arrivò a Niccolò Copernico (1473 - 1543).

All'epoca fare l'astronomo o fare l'astrologo era lo stesso mestiere, e comunque tutti e due lavoravano al servizio del Principe. Mettevano giù ogni mattina gli oroscopi, e li facevano quanto più favorevoli fosse possibile, nella speranza di avere lauti compensi dal proprio datore di lavoro il giorno in cui li avessero azzeccati. Copernico, invece, non era un astrologo, era una persona seria e soprattutto un matematico. Direi quasi un ingegnere.

Nato a Torun, in Polonia, sulle rive della Vistola, si chiamava Nikolaj Kopernik. Aveva studiato a Cracovia, Roma, Padova, Bologna e Ferrara. Appena avuta l'intuizione che al centro dell'Universo non ci fosse la Terra ma il Sole, ci scrisse sopra un saggio intitolato *De revolutionibus orbium coelestium*. Tuttavia si guardò bene dal mostrarlo in giro.

A quei tempi sostenere che la Terra era solo uno dei tanti pianeti che giravano intorno al Sole poteva essere pericoloso: equivaleva a dire che Gesù era nato in periferia. Copernico, quindi, nascose il manoscritto a casa sua, in un ripostiglio segreto scavato dentro una parete, e non lo mostrò a nessuno. «*Mi comporto*» diceva «*come gli allievi di Pitagora che conoscevano i segreti della natura ma che non li confidavano agli estranei.*» Finché un bel giorno un suo discepolo, un certo Joachim Rhetycus, professore dell'Università di Wittenberg, lo convinse a fargli leggere il trattato. Dopodiché, tempo un mese, questi lo consegnò alle stampe. Si racconta che Copernico, non appena vide il suo *De revolutionibus* stampato, in caratteri gotici, ebbe un infarto e morì. Era il 1543.

La scoperta di Copernico, oltre a sconvolgere l'astronomia, sconvolse anche la filosofia e la teologia. Molti sollevarono obiezioni del tipo: «Ma se la Terra ruota da ovest a est, un sasso lanciato in aria dovrebbe ricadere un pochino più in là, verso ovest». Oppure: «Ma se la Terra gira su se stessa, si dovrebbe avvertire un vento continuo che gira in senso contrario». Insomma, esistevano dei dubbi.

Le opposizioni maggiori, però, arrivarono dagli ambienti ecclesiastici. A dichiararsi sostenitori della teoria eliocentrica si correva il rischio di essere scomunicati, tanto è vero che lo stesso Copernico si era premunito scrivendo una lunga premessa al trattato e dedicandola al Papa. In essa lo scienziato confessò di aver pubblicato il libro solo dietro le insistenze degli amici, e che, comunque, non era stato il primo a trattare il tema: l'argomento era stato già anticipato dai pitagorici e da Eraclide Pontico. Ebbe anche l'appoggio di un teologo luterano, tale Andrea Osiander, che per limitare i rischi della pubblicazione disse che quelle di Copernico non erano teorie ma ipotesi matematiche.

Ecco qui di seguito, opportunamente sintetizzato, il brano con cui inizia il *De revolutionibus orbium coelestium*:

Al Santissimo Paolo III Sommo Pontefice, avendo a lungo meditato tra me e me sui moti delle sfere celesti, ho letto quanti più libri possibili sull'argomento. In tal modo avrei scoperto che sia Cicerone che Niceto avevano intuito i medesimi movimenti, e che perfino Plutarco e altri maestri, quali Filolao, Eraclide Pontico ed Ecfanto pitagorico, avevano immaginato la Terra, infilata in un asse, mentre ruotava su se stessa da occidente a oriente.

La rivoluzione copernicana coinvolse nel corso dei secoli un po' tutti gli intellettuali italiani, e tra questi anche Giacomo Leopardi. Il poeta, in una delle sue *Operette mo-*

rali, immagina che il Sole e Copernico si siano incontrati in Paradiso e che il Sole abbia confessato all'astronomo di essere stufo di girare tutti i giorni intorno alla Terra. Al che Copernico gli avrebbe chiesto di non dirlo a nessuno, anche perché le conseguenze fisiche e metafisiche sarebbero state enormi.

Giovanni Keplero (1571 - 1630)

XVII
Tycho Brahe e Giovanni Keplero

Copernico, Brahe e Keplero formarono il Trio Astro del Cinquecento. Del primo abbiamo appena parlato, quanto al secondo, Tycho (in danese Tyge) Brahe, possiamo dire che nacque in Danimarca nel 1546, tre anni dopo la morte di Copernico, e che morì in Polonia nel 1601.

Il sovrano di Danimarca, re Federico II, appassionato di astronomia come pochi altri a quell'epoca, prese sotto la sua protezione il giovane scienziato e gli regalò un'isola, quella di Hveen nello stretto di Copenaghen. Gliela regalò perché potesse scrutare il cielo nella più assoluta tranquillità. Sull'isola, infine, gli costruì un castello, una stamperia e un osservatorio astronomico tutto per lui.

Una volta preso possesso dell'isola, Tycho Brahe suddivise il cielo in trecentosessanta quadratini e, grazie a una decina di assistenti che lo veneravano come un santo, catalogò le posizioni dei corpi celesti, fino ad avere una mappa stellare della massima precisione. E non basta: stretto tra le due teorie del momento, quella tolemaica predicata dai religiosi, e quella copernicana sostenuta dagli scienziati, proprio per non dispiacere a nessuno, ipotizzò una terza teoria secondo la quale il Sole e la Luna ruotavano intorno alla Terra e i pianeti ruotavano intorno al Sole.

A lui, in effetti, l'unica cosa che importava era che la Terra non si muovesse. A tale scopo si fece regalare dal sovrano un cannone per poi sparare due colpi, uno verso ovest e uno verso est. Se durante il viaggio dei proiettili la Terra si fosse mossa, anche di poco, le due distanze sarebbero risultate diverse. Essendo, invece, rimaste uguali, ebbe la prova che la Terra non si era mossa nemmeno di un millimetro.

Morto Federico II (1588), Tycho Brahe venne licenziato dal suo successore. Lui, però, non si scoraggiò per così poco: si trasferì a Praga alla corte dell'imperatore Rodolfo II e in un libro intitolato *De mundi aetherei* scrisse il seguente pensiero:

Avendo compreso che sia la teoria di Tolomeo che quella di Copernico non davano risultati esatti, presi a meditare tra me e me se mai esistesse una terza ipotesi che non fosse in contrasto con la matematica e con la fisica.

Da questa riflessione venne fuori il sistema *tychonico*, quello cioè che aveva come primo centro la Terra (intorno alla quale ruotavano il Sole, la Luna e le stelle) e per secondo centro il Sole (intorno al quale ruotavano Mercurio, Marte, Venere, Giove e Saturno). Di Plutone, all'epoca, non si conosceva nemmeno l'esistenza.

Sul letto di morte Brahe consegnò il sistema tychonico al suo allievo prediletto, il giovane Keplero. Questi, però, era troppo legato alle simmetrie di Copernico per poter accettare la teoria dei due centri. Lì per lì non disse nulla, anche perché il moribondo Tycho non lo avrebbe sentito, poi, dopo aver calato il maestro nella tomba, tirò fuori il suo nuovo sistema e lo pubblicò.

Giovanni Keplero (1571 - 1630), al secolo Johannes Kepler, era nato a Weil nei dintorni di Stoccarda. Il suo maggior merito sta nell'aver scoperto che le traiettorie dei pianeti non sono delle circonferenze ma delle ellissi. Una volta nominato dall'imperatore Rodolfo II «matematico di corte», si stabilì anche lui a Praga e rimise al suo posto il Sole. Dopodiché, avvalendosi di tutti gli appunti presi dal suo maestro Tycho Brahe, ridisegnò una per una le orbite dei pianeti. Ebbene, bisogna ammettere che il suo modello è rimasto immutato per quattro secoli.

Come già Pitagora, anche Keplero paragonò i rapporti tra i corpi celesti alle note musicali. Lui «sentiva» che nel cosmo esisteva una specie di armonia divina che accomunava la musica alla matematica. All'inizio delle sue ricerche pensò addirittura che l'Universo avesse una specie di anima, da lui definita *anima motrix;* poi ridimensionò le sue ipotesi e lo vide come un orologio che, una volta messo in moto (si spera da Dio), non si può più fermare.

Keplero esercitò la sua genialità nei campi più disparati. Basti pensare che elaborò una formula matematica per calcolare con esattezza quanti litri contenesse una botte conoscendo solo tre misure: la base, l'altezza e la circonferenza al centro. Ci scrisse sopra un saggio intitolato *Nova stereometria doliorum vinariorium.* Inoltre studiò l'ottica fisiologica, e adottò per primo l'uso delle lenti convesse nei cannocchiali. Infine lasciò ai posteri un gigantesco trattato di astronomia suddiviso in sette volumi.

Come carattere era un bonaccione: cercò di aiutare gli allievi e soprattutto la propria mamma accusata di stregoneria dai preti. Avvalendosi delle sue amicizie altolocate, riuscì a evitarle il patibolo. Morì a Ratisbona, a cinquantanove anni.

A proposito di Copernico, Brahe e Keplero,

me li immagino tutti e tre in Paradiso, seduti su una nuvola, che contemplano l'Universo dall'alto dei Cieli. Stanno lì, sospesi in aria, e si fanno continuamente delle domande, tutte a proposito di stelle.

«Niccolò» dice Keplero a Copernico, «ma tu, quand'eri vivo, te lo immaginavi un Universo così grande? Lo sai quante galassie ci sono?»

«Quante?» chiede Copernico.

«Me lo ha detto un angelo specializzato in astronomia. Più di quattrocento milioni, ognuna costituita da ventuno miliardi di stelle e da otto milioni di buchi neri!»

«Di buchi neri?» chiede Tycho Brahe. «E che cosa sono i buchi neri?»

«Dio come sei ignorante!» esclama Keplero. «Voi di Copenaghen non sapete mai niente! Oggi pure i ragazzini sanno che cosa sono i buchi neri!»

«E tu, invece di protestare» lo rimprovera Copernico, «spiegagli che cosa sono.»

«Dicesi buco nero» riprende Keplero, in tono un po' cattedratico «una stella che si è collassata fino a far diventare il proprio ossigeno e il proprio carbonio dei metalli pesantissimi, ma così pesanti che nemmeno la luce riuscirà a uscirne. E tutto questo solo per un problema di gravità.»

«Davvero?!» commenta incredulo Brahe. «Ma queste cose si sanno solo in Germania?»

«Ma che c'entra la Germania!» protesta Keplero. «Questa è l'astronomia di oggi. Non quella tua e di Federico II.»

«Ma allora» continua Tycho Brahe, «se la luce non ce la fa a uscire, noi non lo potremo vedere mai un buco nero.»

«Noi sì perché non siamo esseri umani ma anime» spiega Keplero. «Anzi, se domani mattina vuoi vedere un buco nero getta uno sguardo sulla M 87. Ce n'è uno eccezionale: è posto

proprio al centro della galassia. Pensa che in quel buco lì anche una monetina da niente, un euro ad esempio, pesa più di mille tonnellate.»

«Un euro!» esclama Tycho Brahe senza avere la minima idea di che cosa sia un euro.

«Scusate se m'intrometto» li interrompe Copernico. «Ma non avevamo detto che avremmo giocato a scopone col morto?»

«Sì, però adesso si è fatto tardi» risponde Keplero, «e poi non ho portato le carte.»

«Allora andiamo nel Limbo» propone Copernico. «Andiamo a sfottere Tolomeo. Lui, ogni volta che gli nominiamo il suo Universo, quello con la Terra al centro, si incazza come una bestia!»

Teofrasto Paracelso (1493 - 1541)

XVIII
I medici e i maghi

Dagli astronomi passiamo ai maghi. Ora io non so come sia messo il lettore nei confronti della magia. Debbo avvisarlo, però, che il sottoscritto, in quanto ingegnere, non crede assolutamente a nulla, anche se non può fare a meno di ammettere che di tanto in tanto accadono cose a questo mondo che non riesce a spiegare e a spiegarsi. Ebbene, la magia ebbe il suo momento di gloria (stavo per dire magico) proprio all'inizio del XVI secolo. A quei tempi, mentre il mestiere di chirurgo veniva svolto regolarmente dai barbieri, quello di medico era quasi sempre abbinato al mestiere di mago, e i malati più ignoranti erano e più si affidavano agli stregoni.

Cornelio Agrippa

Cominciamo con Cornelio Agrippa di Nettesheim (1486-1535). Era astrologo, medico, filosofo e alchimista. Influenzato dal neoplatonismo e dalla cabala, sostenne che l'uomo era sottoposto a tre livelli di magia, e precisamente alla *magia naturale,* alla *magia celeste* e alla *magia religiosa.* La prima era collegata alle forze occulte della Natura, e quindi ai terremoti, alle alluvioni e a tutte le catastrofi possibili e immaginabili; la seconda agli influssi degli astri; e la terza alla cattiveria del demonio. Avere, quindi, al proprio fianco un mago come angelo protettore era quanto di meglio ci si potesse augurare. Il segreto, diceva, sta nella *dignificazione*, ovvero nel riuscire a prendere le distanze dai desideri della carne.

Lui, in verità, non ci riuscì del tutto: si dice, infatti, che sia morto di infarto mentre stava facendo l'amore. Tra un amplesso e l'altro, comunque, ebbe il tempo di pubblicare il *De incertitudine et vanitate scientiarum* e il *De occulta philosophia*.

Teofrasto Paracelso

Altro importante medico-mago fu Filippus Aureolus Theophrastus Bombast von Hohenheim (1493 - 1541), più brevemente noto come Paracelso. Come uomo era quanto di peggio si possa immaginare. Ecco come ce lo descrive il suo editore di fiducia, Johannes Oporinus: «*Non ho mai visto Teofrasto sobrio per più di due ore di seguito. In genere torna a casa completamente ubriaco e si butta sul letto ancora vestito e con la spada appesa al fianco. Poi, magari, si alza all'improvviso nel cuore della notte, e comincia a vibrare fendenti ai mobili della stanza e alle pareti*».* Francesco Bacone, qualche anno dopo, dirà che sia lui che Agrippa erano due ciarlatani.

Paracelso iniziò la sua carriera bruciando in piazza, davanti a un gruppo misto, formato da farmacisti e barbieri, i libri di Galeno e Avicenna. Per questo gesto fu soprannominato «il Lutero della chimica».

* Paracelso, *Contro i falsi medici*, edizione Laterza.

Il principio che lo guidava era la corrispondenza tra il macrocosmo e il microcosmo, e quindi anche tra il mondo esterno e l'uomo. Propose una teoria secondo la quale la salute di un essere umano dipendeva dalla quantità o meno nel suo corpo di tre elementi base: il sale, lo zolfo e il mercurio. L'essere umano, diceva, è un organismo chimico curabile solo attraverso pratiche teologiche, astrologiche, filosofiche e alchimistiche. Disgraziati quelli che gli capitavano sotto mano.

Tutti i medici di quei tempi gli si scagliarono contro e lui li ricambiò con gli interessi scrivendo un saggio intitolato *Contro i falsi medici*. In una delle sue invettive, nella terza per l'esattezza, parla bene perfino dei veleni.

Voi dite, o sciagurati, che le mie ricette sono ricche di veleni e io vi chiedo: ma lo sapete voi che cos'è un veleno? Se Dio lo ha creato è perché in qualche modo aiuta. Provatelo e lo saprete.

E in questo aveva ragione. Non a caso, infatti, in greco, la parola *pharmakon* vuol dire sia «medicina» che «veleno». A seconda delle dosi.

Sempre nel suo libro Paracelso dice che i colleghi medici, tradendo gli insegnamenti di Asclepio, Macaone, Podalirio e Ippocrate, esercitavano la professione più per fare soldi che per carità cristiana, e conclude dicendo:

*Se un tempo c'era un traditore ogni dodici apostoli, oggi a stento si riesce a trovare un medico onesto ogni dodici praticanti.**

* Certo, dopo cinque secoli, le cose sono cambiate, ma il 20 marzo 2003 è apparsa, fornita dall'Ansa, una notizia sui giornali dove si diceva che l'Ordine dei medici segnalava che gli odontoiatri regolari sono 40 mila, mentre i dentisti abusivi sarebbero 45 mila. Tra gli abusivi, si distinguono vigili, tranvieri, idraulici e altri «artigiani».

Girolamo Fracastoro

Anche il veronese Girolamo Fracastoro (1478 - 1553) è passato alla storia come medico, mago, alchimista e chimico. In realtà era un poeta. Sposò in pieno una teoria di Aristotele secondo la quale la vera differenza tra il tecnico e il poeta è che mentre il primo si occupa del vero il secondo si occupa del verosimile. Scrisse un saggio intitolato *De simpathia et antipathia* dove descrive l'attrazione tra le cose simili e la ripugnanza tra quelle dissimili.

La sua fama, però, nasce dai suoi studi su una malattia giunta in Europa dopo la scoperta dell'America. Per i francesi era un'infezione, detta *la napoletana,* propagata da un marinaio (napoletano) di nome Aniello, compagno di Cristoforo Colombo. In realtà si trattava di una malattia nota in tutto il mondo come *il mal francese.* Certo è che il contagio avveniva solo attraverso i rapporti sessuali. Fracastoro, in un volume intitolato *Syphilis sive de morbo gallico,* la battezzò sifilide. Il nome deriva da un mito greco: Sifilo era un pastore che un giorno, avendo offeso pesantemente Zeus, fu condannato a trasmettere un morbo ripugnante ogni qual volta toccava una donna, sia pure con un dito.

Gerolamo Cardano

Gerolamo Cardano (1501 - 1576), oltre che medico, mago e alchimista fu anche un eccellente matematico. Nella sua vasta opera, raccolta in dieci volumi, affronta gli argomenti più diversi. Esempi: come recuperare le navi affondate, come distinguere i funghi buoni da quelli velenosi, come risolvere le equazioni cubiche, come vincere agli scacchi e come collegare tra loro due alberi rotanti (mezzo poi passato alla storia come *giunto cardanico*).

Tra i consigli più terra terra ricordiamo il seguente: «*Quando parli con un uomo non guardargli il viso, ma guardagli le mani, soprattutto se è uno di cui non ti fidi*».

Non ebbe, purtroppo, una vita felice: è lui stesso che ce lo racconta nell'autobiografia intitolata *De vita propria.* Da piccolo la madre lo picchiava ogni giorno e da vecchio vide uno dei suoi figli finire sulla forca per omicidio.

Giambattista Della Porta

Chiudiamo questa breve panoramica sui medici maghi con Giambattista Della Porta (1535 - 1615). Prima ancora che medico fu un ottico. Scrisse un libro sui misteri della Natura, dove distinse due tipi di magia, quella diabolica, praticata dai falsi medici, e quella naturale, promossa dai medici onesti. Oltre a essere mago, era anche napoletano.

A proposito dei maghi e degli astrologi,

un giorno la mia amica Adriana, di professione segretaria, venne da me tutta emozionata. Una maga le aveva predetto una grande storia d'amore con un uomo calvo, e lei, a distanza di soli due mesi, aveva conosciuto per l'appunto un direttore di banca, completamente calvo, che le aveva fatto perdere la testa.

«Devi andarci pure tu» mi disse. «Ti cambierebbe la vita da così a così.»

«A parte il fatto» risposi «che non ho alcuna voglia di farmi cambiare la vita, dimmi quante cose ti predisse quel giorno la maga?»

«Una decina in tutto. Mi tenne sotto per due ore e mi fece anche le carte. Mi disse che avrei vinto al Superenalotto, e io, infatti, da quel giorno, ho sempre giocato un piccolo sistema. Prima o poi sono sicura che vincerò.»

«E non ti viene il dubbio» obiettai «che se si verifica una sola predizione su dieci non si tratta più di una preveggenza ma di una combinazione? Il vero problema, anima mia, è che sei tu la vera complice della maga. Non raccontando le nove predizioni che non si sono avverate, tu le stai facendo una pubblicità immeritata. E non basta.»

«In che senso non basta?»

«Nel senso che tu desideri che lei t'indovini il futuro, anche perché la disonesta fa di tutto per annunziarti cose piacevoli, così spera di essere ricompensata il giorno in cui queste profezie si avverassero.»

«Non è vero che mi annunzia solo cose piacevoli. Mi ha anche detto che tengo il malocchio.»

«E tu ci hai creduto?»

«Certo che ci ho creduto, anche perché in sole tre sedute me lo ha tolto facendomi respirare un profumo di sua invenzione.»

«Un profumo?!»

«Sì, un profumo. Eccolo qua: è miracoloso!» E mi mostra una boccettina, per poi aggiungere: «Certo è che da quando mi porto dietro questo profumo non mi è più capitato nulla di spiacevole, a parte questo incontro che sto avendo oggi con te».

XIX
Nostradamus

Michel de Nostredame, più noto come Nostradamus, nacque a Saint-Rémy de Provence il 14 dicembre del 1503 a mezzogiorno in punto. Il nonno, di religione ebraica, essendosi convertito al cristianesimo proprio nel giorno di Nostra Signora di Parigi, decise di cambiare cognome e di farsi chiamare Nostre-Dame. Suo nipote Michel, a soli sedici anni, oltre il francese parlava correttamente il latino, il greco e l'ebraico. Studiò ad Avignone dove si diplomò a diciassette anni in grammatica, logica e retorica. Una volta raggiunta la notorietà, contribuì come pochi alla diffusione dell'astrologia.

Come tanti altri suoi colleghi, esercitò la professione di medico e di chimico. Divenne poi docente di medicina all'Università di Basilea. Possedeva perfino un osservatorio personale a Salon-de-Provence, dove trascorreva intere notti a studiare i movimenti degli astri. Quando in Francia scoppiò la peste nera, le città di Bordeaux, di Agen e di Aix-en-Provence lo scongiurarono perché venisse in aiuto ai malati, e lui non se lo fece dire due volte: trascorse giorni e notti a soccorrere i moribondi. Da quella volta le popolazioni lo venerarono come un santo.

Viaggiò moltissimo e non solo in Francia. Visse per un anno e mezzo anche in Italia. Arrivò perfino a Cuma, dove andò a visitare la grotta della sua collega Sibilla. Si racconta che un giorno, ad Ancona, abbia avuto una delle sue tante premonizioni: vide un gruppo di monaci attraversare la strada e s'inginocchiò davanti a uno di loro. Trentasei anni dopo quel monaco fu eletto Papa: si trattava di Sisto V. Durante la Rivoluzione francese, infine, la sua tomba venne profanata e si dice che lo scheletro sia stato trovato con una targhetta tra le dita dov'era segnata la data esatta della profanazione. Sarà pure vero, ma io non ci credo.

Scrisse dieci *Centurie astrologiche,* ciascuna delle quali composta da cento quartine, in cui profetizzò tutto il profetizzabile, dagli inizi del Cinquecento fino al 3797. Si tratta in genere di frasi senza capo né coda. Il successo, però, fu enorme ed è inutile negarlo: dura ancora oggi. Venne ricevuto a corte dalla regina Caterina de' Medici che da quel giorno lo prese sotto la sua protezione.

Tra le quartine ne ho scelta solo una, la 97 della VI centuria, quella in cui predice il crollo delle Torri gemelle. Dice Nostradamus:

A quaranta e cinque gradi il cielo brucerà,
il fuoco si avvicina alla grande città nuova,
in un attimo grande fiammata sparsa esploderà
quando si vedranno i normanni dar prova di sé.

Ebbene: come si fa a dubitare? La «grande città nuova» e i «quaranta e cinque gradi» non possono essere che New York e la sua latitudine nord, che è per l'appunto di 40,5 gradi. Avesse aggiunto anche l'ora e la data esatta (l'11 settembre del 2001 alle ore 15) sarebbe stato perfetto.

L'ultima profezia, infine, riguardò lui stesso. Disse al suo fedele segretario Chavigny: «*Più non mi vedrai al prossimo levar del sole»*, e difatti il giorno dopo, il 2 luglio del 1566, venne trovato morto stecchito nel suo letto.

Non mi si giudichi irriverente, ma continuo a credere che Nostradamus non abbia mai profetizzato nulla. Il suo altro non è che il cosiddetto senno di poi, ovvero la capacità di adattare un evento accaduto oggi a una quartina scritta ieri. Citatemi un qualsiasi evento, datemi una mezz'ora di tempo, e io vi troverò una quartina di Nostradamus che gli si adatta alla perfezione. Anche la guerra in Iraq dovrebbe esserci. Basta cercarla.

Bernardino Telesio (1509 - 1588)

XX

Bernardino Telesio

Con gli insegnanti ci vuole fortuna: se uno, a scuola, becca quelli giusti, poi nella vita si trova bene. Io, a Napoli, al liceo Iacopo Sannazaro, sono stato fortunato sia con quello di matematica che con quello di filosofia. I miei professori di allora si chiamavano rispettivamente Giuseppe Signore e Placido Valenza. Che Dio li abbia in gloria!

Bernardino Telesio (1509 - 1588), cosentino, dovette la sua saggezza a *zi' Antonio,* il fratello di suo padre. Lo zio era un uomo di vaste letture. Lo prese come allievo e lo fece diventare in pochissimi anni il ragazzino più colto di tutta Cosenza. Se lo portò dietro a Milano, a Roma e a Padova, dove lo fece laureare in fisica, matematica e medicina. Insomma, lo zio era quello che oggi si dice un *tutor.* Tra l'altro, lo salvò anche da un impiccio in cui si era andato a ficcare quando abitava a Roma. Era stato arrestato dai lanzichenecchi e messo in carcere per truffa. *Zi' Antonio* andò a parlare con un colonnello tedesco e, dicendo che il nipote era un minorato fisico, riuscì a tirarlo fuori.

Tre erano le «cose» importanti per Telesio: il Caldo, il Freddo e la Materia. E, almeno su questi principi, non ebbe mai dubbi: il Caldo espandeva la Materia e il Freddo la contraeva. Immaginava la Materia come una cosa inerte, ignara, pressoché morta, incapace di svolgere qualsiasi attività, poi arrivavano il Caldo e il Freddo che la mettevano in moto. Per Telesio anche l'anima era fatta di materia. Magari una materia diversa, più sottile, più impalpabile, però pur sempre materia.

La conoscenza in Telesio viene definita *naturalismo* o *sensismo,* ovvero capacità di percepire attraverso i sensi tutto quello che ci arriva dall'esterno. Bere, mangiare, ballare, guardare un bel quadro, fare l'amore e ammirare il Vesuvio dalla mia vecchia casa di Napoli, altro non sono che esempi di *sensismo.* La Natura quindi va studiata *iuxta propria principia,* ovvero secondo gli stessi principi che ha messo a nostra disposizione. Affacciamoci al mondo, ci esorta Telesio, lasciamoci andare, e ci accorgeremo che la Natura si avvicinerà a noi per farsi conoscere.

A Telesio stavano sulle scatole la metafisica e tutte quelle cose che non si potevano misurare con i sensi. Tutti i concetti che abbiamo studiato a scuola, tipo l'*atto* e la *potenza,* non li poteva sopportare. In altre parole, non aveva simpatia per Aristotele. E non basta: cercava di evitare anche la teologia. Era a tal punto spaventato dalle autorità religiose che, qualsiasi argomento trattasse, per quanto innocuo, era solito chiuderlo con la frase: «*Sempre che non sia in contrasto con le Sacre Scritture*».

La sua opera più famosa fu il *De rerum natura iuxta propria principia* (1586), in pratica un libro sui principali aspetti della Natura. All'inizio lo fece uscire in due volumi, poi, a forza di aggiungerci nuovi argomenti, lo portò a nove. Ci ficcò dentro tutto quello che sapeva dell'ambiente. Parlò dei mari, dei fiumi, del cielo e dei vulcani. Parlò della Natura che «*opera sempre le medesime cose e sempre nel medesimo ordine*». Lui la considerava un essere vivente, quasi un animale. Oggi avrebbe votato per i Verdi. Che poi, a esaminarle con maggiore attenzione, anche le teorie di Telesio finiscono col diventare metafisiche e, a volte, perfino platoniche.

A proposito di Bernardino Telesio,

io, da un po' di tempo a questa parte, ho scoperto il sensismo. *Di che si tratta? È facile dirlo: basta non farsi la doccia e optare per il bagno. La mattina m'immergo nella vasca quando l'acqua è ancora molto calda, quasi da avere dei problemi a entrarci dentro. Poi resto lì immobile, al buio, senza che alcun rumore di radio o di televisione mi possa distrarre. A quel punto m'identifico con la Materia. Immagino di essere un piede, niente altro che un piede, o un braccio, e di sentire il mondo attraverso il calore dell'acqua. La C e la F impresse sui rubinetti mi ricordano il Caldo e il Freddo di Telesio.*

Una volta ho perfino riflettuto sugli spartani che, dovendo indossare un unico vestito per tutto l'anno, erano costretti a scegliere tra la lana e il lino. Meglio sopportare il caldo d'estate o il freddo d'inverno?, si chiedevano gli spartani.

Che cosa avrei scelto io, non lo so. Quando esco dalla vasca me lo chiedo spesso e, a seconda della stagione, cambio parere.

Michel de Montaigne (1533 - 1592)

XXI

Michel de Montaigne

Michel de Montaigne (1533 - 1592) è davvero bravo. I suoi libri si riescono addirittura a leggere. Non sono allegri, certo, ma si capiscono sempre, dalla prima all'ultima parola. Il titolo del suo libro più noto, *Saggi*, sta a indicare quali sono le sue vere intenzioni, quelle, cioè, di «saggiare» le esperienze che ha fatto nella vita per cavarne il significato. Ne viene fuori un ritratto passionale, politico e morale, di un uomo fatto più di cervello che di cuore.

Nacque in Francia in un maestoso castello di sua proprietà, quello appunto dei Montaigne. Come zona si trovava dalle parti di Bergerac, la patria di Cyrano. Lui, però, a differenza dell'eroe di Rostand, non era né un poeta né uno spadaccino. Era solo un individuo estremamente razionale. Studiò legge e filosofia e viaggiò in lungo e in largo per tutta l'Europa, soprattutto in Svizzera, Germania e Italia. Nel 1580 scese anche a Roma. Poi, una volta nominato sindaco di Bordeaux, se ne tornò in patria, si portò 271 libri da leggere, e non si mosse più fino alla fine.

Il protagonista dei suoi *Saggi* si chiama «io», nel senso che «io» è davvero lui. Qualcuno lo ha definito il «pittore di se stesso». Nei *Saggi*, infatti, si osserva, si critica e si confronta con gli altri. Sembra quasi che abbia scritto stando seduto davanti a uno specchio. Una meditazione, la sua, mai religiosa e sempre laica, basata più sulle vicende umane che non sugli ideali da perseguire. Oscilla tra una visione stoica della vita e una visione scettica. Più riflette sul presente e più dubita del futuro. In altre parole, si rende conto di quanto sia precaria, e soprattutto breve, l'esistenza umana. Non è quindi l'Essere a interessarlo quanto il Divenire. L'uomo per Michel de Montaigne è un paradosso vivente. È «la più fragile delle creature e nel medesimo tempo la più presuntuosa». Ecco, qui di seguito, cinque pensieri tolti dai suoi *Saggi*:

Non siamo mai presso di noi ma sempre un pochino più in là. La paura, il desiderio e la speranza ci lanciano verso l'avvenire e ci tolgono la consapevolezza presente. Finiremo con l'interessarci di quello che sarà, di quando, cioè, non saremo più.

Io descrivo l'uomo così com'è. Se dovessi crearlo di nuovo lo farei diverso, ma ormai è fatto. La mia è una vita umile e senza alcuno splendore.

Un soffio di vento contrario, il gracchiare di uno stuolo di corvi, il passo falso di un cavallo, il passaggio fortuito di un'aquila, un sogno, un segno, una voce nel buio, una gelata mattutina sono sufficienti a sconvolgere un uomo e a prostrarlo.

Gli altri si lamentano perché parlo troppo di me, e io mi lamento perché gli altri non parlano mai di loro. Chissà chi di noi sta sbagliando?

Cosa si può immaginare di più ridicolo di una creatura miserabile che crede di essere padrona dell'Universo quando invece non è padrona di sé?

Insomma, un pessimista che più pessimista non si può. In questo senso, un anticipatore del nostro Leopardi. Quello che non si capisce è perché non si sia suicidato.

A proposito di Michel de Montaigne,

c'è qualcosa nella sua filosofia che mi ha fatto sempre riflettere. Dice Montaigne in uno dei suoi Saggi* *che* «quasi sempre noi giudichiamo il nostro prossimo non basandoci sulla ragione, ma solo su quello che dice la maggioranza».

Dopodiché esamina il problema del cannibalismo. Mangiare un essere umano, ad esempio, è un'azione riprovevole, solo, però, se lo prendessimo a morsi mentre è ancora vivo. Se, invece, è già morto, a chi facciamo del male? A nessuno. E allora perché non farlo se magari quei chili di cibo possono consentire ad altri uomini di sopravvivere?

Questi pensieri vennero in mente a Montaigne perché nel suo castello aveva un servitore africano, ex cannibale. Ebbene, a sentire lui, questo suo collaboratore familiare era una bravissima persona che nel corso della vita non aveva mai fatto del male ad anima viva, e sottolineo viva.

Il fatto è che ognuno di noi tende a definire riprovevole tutto quello che non appartiene al proprio modo di vivere.

I primi a ragionare in questi termini furono per l'appunto gli antichi greci. Giudicavano barbari *tutti i popoli stranieri. Magari condannavano la poligamia, diceva Montaigne, e consideravano accettabili altre manifestazioni orribili quali la tirannia, la slealtà e la crudeltà.*

* Michel de Montaigne, *Saggi*, libro I, 31, edizione Mondadori.

Giordano Bruno (1548 - 1600)

XXII

Giordano Bruno

Filippo Bruno (1548 - 1600) nacque a Nola, figlio di un uomo d'arme. Da ragazzino entrò come novizio in un convento di domenicani e a ventiquattro anni, col nome di Giordano, ne uscì sacerdote. I suoi guai cominciarono il giorno stesso in cui cercò di mettere d'accordo il cattolicesimo con il neoplatonismo. Si dichiarò figlio virtuale di Democrito, di Eraclito, di Lucrezio e di Epicuro, e fu proprio quest'ultima paternità a procurargli un'infinità di guai. Il suo primo problema furono, infatti, le donne: gli piacevano troppo per poterne fare a meno. Un giorno si vantò di averne avute più di re Salomone che, secondo la Bibbia, ne aveva avute solo mille.

Credeva nella Natura e nel suo continuo mutamento. Era solito dire: «*Nihil annihilat*», nel senso che nulla scompare e che tutto ritorna al punto di partenza. «*Il camminare, il nuotare, l'amare, il vegetare, il sentire, il vivere e il morire altro non sono che un continuo viaggiare in circolo.*» Tipo il *panta rei* di Eraclito, tanto per intenderci.

Bruno non era quello che si dice un bel ragazzo, la sua oratoria, in compenso, era formidabile. Bastava che cominciasse a parlare perché chiunque gli stava davanti ne restasse affascinato.

Comunque, veri o non veri che fossero i suoi peccati, fu costretto ad abbandonare il saio e ad abbracciare la carriera di professore di filosofia. Trovò prima un posto d'insegnante a Novi Ligure, poi, via via, a Torino, a Venezia e a Padova, dove alcuni monaci lo convinsero a ritornare in convento.

Anche questa volta, però, la sua vita monastica durò pochissimi giorni. Alla fine si decise ad abbandonare l'Italia per andare prima a Ginevra (dove prese a male parole i calvinisti), e poi in Francia, dove re Enrico III, avendone sentito parlare come di un mago dalla memoria eccezionale, lo volle a corte perché gli insegnasse l'arte del ricordare.

Purtroppo, anche a Parigi le cose gli andarono male: litigò, arrivando quasi alle mani, con i propri studenti, e scrisse una commedia, *Il candelaio,* nella quale ingiuriava il clero e i professori della Sorbona. Poi scrisse *De umbris idearum,* riferendosi al mito della caverna, quindi *La cena delle ceneri,* il *De la causa principio et uno,* il *De l'infinito universo e mondi, Spaccio della bestia trionfante,* la *Cabala del cavallo pegaseo* e il *De gli eroici furori.*

Costretto a lasciare anche la Francia, si recò in Inghilterra dove conobbe la regina Elisabetta. È superfluo aggiungere che pure a Londra litigò con tutti, in particolare con il direttore del Lincoln College. Una volta tornato in Italia, a Venezia, venne ospitato da un noto patrizio veneto, tale Giovanni Mocenigo.

Insomma, se non si fosse ancora capito, Giordano Bruno aveva un brutto carattere. Mai che si piegasse davanti a un contestatore e mai che scendesse a patti con chi non era d'accordo con lui. Le sue idee in materia di astronomia lo misero contro tutto il mondo ecclesiastico. Lui era convinto che la Terra fosse un minuscolo sassolino sperso nell'universo e che di pianeti come il nostro ce ne fossero migliaia, anzi milioni. Ebbene, a quei tempi bastava un'idea del genere per vedersi appioppata un'accusa di eresia.

A Venezia, il Mocenigo si rivelò subito per quello che era, ovvero un grandissimo fetentone. Aveva invitato Giordano Bruno solo per apprendere la mnemotecnica, cioè l'arte di esercitare la memoria, ma, una volta intuito con chi aveva a che fare, dietro consiglio del suo confessore di fiducia, lo andò a denunciare alla Santa Inquisizione. Premesso che all'epoca i tribunali ecclesiastici erano quanto di peggio si possa immaginare, anche perché svolgevano gli interrogatori ricorrendo alla tortura, il povero Bruno si fece nove mesi di processo a Venezia e sette anni di carcere a Roma.

Il suo nemico numero uno fu il cardinale Bellarmino, un prelato che tutto sapeva del cristianesimo tranne il precetto secondo il quale non si dovrebbe fare al prossimo quello che non vorremmo venisse fatto a noi stessi. Bellarmino esaminò con il massimo scrupolo tutti gli scritti di Giordano Bruno e lo inchiodò su quattro punti: primo, di non credere nell'Eucarestia, secondo, di non credere nella Santissima Trinità, terzo, di sostenere la pluralità dei mondi, quarto, di credere nella trasmigrazione dell'anima dal corpo di un uomo al corpo di un animale. E non basta: Bellarmino gli chiese anche di confessare di aver mangiato carne di venerdì e di aver copulato con numerose prostitute.

Lui ammise tutti i peccati, sia quelli di gola che quelli di lussuria, ma quando il cardinale gli chiese di cambiare le sue idee in materia di religione e di astronomia si rifiutò perfino di rispondere. Fu condannato a essere bruciato vivo, in Campo de' Fiori, il 17 febbraio del 1600.

Si dice che quando gli lessero la condanna lui abbia esclamato: «Tremate forse più voi nel pronunciar la sentenza che io nel riceverla».

A proposito di Giordano Bruno,

per scrivere su di lui sono andato a sedermi al «Grottino», un piccolo ristorante di Campo de' Fiori, situato giusto di fronte alla sua statua, proprio nel punto in cui fu bruciato vivo. Lo osservo: ha il capo rivolto verso il basso. Sembra quasi che stia guardando il suo corpo bruciare. L'ombra del cappuccio m'impedisce di vedergli il viso, ma io me lo immagino lo stesso. Lui si guarda e si compiace. Tra dire il falso ed entrare nelle fiamme preferì entrare nelle fiamme.

Mi sono sempre chiesto se si soffre molto a essere bruciati vivi. La morte in quanto morte non mi spaventa più di tanto. È il dolore quello che mi terrorizza. Se la fine equivale allo spegnersi di un interruttore, pazienza, ci può anche stare. Ma se dura più di dieci minuti è terribile! Ci sono state persone che nel crollo delle Torri a New York, pur di non finire tra le fiamme, hanno preferito gettarsi dal centesimo piano. Avranno fatto bene? Non lo so.

Su Giordano Bruno sono state scritte molte biografie. La migliore però, la più sintetica, mi sembra quella di Trilussa.

Fece la fine de l'abbacchio ar forno
perché credeva ar libbero pensiero,
perché si un prete je diceva: «È vero»
lui risponneva: «Nun è vero un corno!».

XXIII

Francisco Suárez e Luis de Molina

Sono stato molto indeciso se inserire o meno in questa breve storia della filosofia moderna Francisco Suárez (1548 - 1617) e Luis de Molina (1535 - 1600). Si tratta di due filosofi cosiddetti minori. Definizione questa che non mi è mai piaciuta. Poi ho pensato che non nominarli affatto avrebbe potuto dispiacere qualche mio lettore spagnolo e allora li ho aggiunti. Per gli spagnoli, non trovarli, sarebbe stato come per me, napoletano, non trovare Giordano Bruno nato a venti chilometri da Napoli.

Ora, però, per capire a fondo Suárez e de Molina bisogna aver frequentato almeno una volta i gesuiti. A Napoli i gesuiti avevano un convento dove organizzavano tutte le domeniche un torneo di calcio. Noi ragazzini degli anni Quaranta andavamo da loro a giocare e l'unica cosa che ci chiedevano in cambio era di assistere a una messa prima della partita. La messa non finiva mai, era lunghissima, eterna. Ma la nostra voglia di giocare era altrettanto eterna, per cui si resisteva in attesa dell'*Ite missa est*.

Mi sembrava, allora, di avere a che fare con una setta di fanatici. Mai e poi mai sarei andato a confessarmi da un gesuita. Sono sicuro che almeno gli atti impuri non me li avrebbe perdonati. Racconto queste cose perché sia Suárez che de Molina erano gesuiti.

La Scolastica, a quei tempi, non contava più niente, o quasi, e la Fede era stata messa sotto dalla Ragione. A questo punto, però, proprio grazie ai Suárez e ai de Molina, nacque il *tomismo,* ovvero una specie di nuova Scolastica che riconosceva sia il potere ecclesiastico che il potere temporale. Il primo, secondo loro, dipendeva da Nostro Signore e il secondo dal popolo. E il re? A sentire Suárez e de Molina non contava più niente. Dio, infatti, era superiore al popolo che a sua volta era superiore al re. Il duo, però, credeva nell'ortodossia cattolica e nel libero arbitrio, e fu per questo motivo che prese le distanze da Lutero e dai calvinisti.

Francisco Suárez scrisse le *Disputationes metaphisicae,* un saggio sulla *Dottrina politica* e il *De vera intelligentia.*

A Luis de Molina si deve un'opera intitolata *Accordo tra il libero arbitrio e i doni della Grazia, tenendo conto della divina prescienza, della provvidenza, della predestinazione e del castigo.* Per capirne il succo basta leggerne il titolo.

XXIV

Francesco Bacone

Se Francesco Bacone avesse dovuto fare uno spot per i suoi libri avrebbe cominciato dicendo: «Sapere è potere». Nel Cinquecento, infatti, tutti quelli che sapevano comandavano mentre tutti quelli che non sapevano ubbidivano. Lui, Bacone, era uno che sapeva e quindi comandava. Rispetto al Medioevo il suo mondo era cambiato radicalmente: la polvere da sparo, l'invenzione della stampa e la bussola avevano rivoluzionato il modo stesso di vivere. A quei tempi, per una nazione, avere un esercito munito di fucili era come avere oggi la bomba atomica. Ad esempio, basta pensare a che cosa fecero gli spagnoli e i portoghesi in America latina: pochi uomini, ma con i fucili, riuscirono a conquistare un intero continente.

Francesco Bacone (1561 - 1626) nacque a Londra da buona famiglia. Suo padre era nientepopodimeno che sir Nicholas Bacon, Lord Guardasigilli della regina Elisabetta.

A dodici anni s'iscrisse a Cambridge, a ventitré entrò in Parlamento e a cinquantasei prese il posto di suo padre accanto alla regina. Divenne prima consigliere di Lord Essex, poi suo alter ego, e infine suo avversario politico non appena il poverino cadde in disgrazia. Non sempre,

Francesco Bacone (1561 - 1626)

però, la fortuna gli restò accanto: nel 1621, in quanto giudice, venne accusato di peculato. Pare che avesse accettato denaro da una delle due parti in causa. Lui si difese dicendo che lo aveva accettato anche dalla parte avversa ma questo non bastò a scagionarlo. Si fece quattro giorni di carcere tutti di fila.

Per capire Bacone bisogna prima capire che differenza passa tra l'*induzione* e la *deduzione*. Dicesi *induzione* un ragionamento logico che muove da un particolare per giungere a un universale. Dicesi *deduzione*, invece, il percorso contrario: arrivare al particolare partendo dall'universale. Esempio di induzione: Halina è una ragazza nigeriana che vive in Italia e fa la prostituta. Sono indotto, quindi, a pensare che tutte le nigeriane che vivono in Italia facciano le prostitute. Esempio di deduzione: tutte le nigeriane che conosco fanno le prostitute, ragione per cui anche Halina, in quanto nigeriana, deve essere una prostituta.

Ho fatto volutamente due esempi sbagliati proprio per invitare il lettore a diffidare sia dell'induzione che della deduzione. Meglio valutare i fatti uno alla volta, e affidarsi alla statistica solo quando i casi esaminati superano il 99 per cento. Ma anche sul 99 per cento non si può giurare. Racconta Bertrand Russell che un giorno un addetto al censimento, dopo aver interrogato i primi mille abitanti di un villaggio gallese e aver scoperto che si chiamavano di cognome tutti Williams, sospese il lavoro e si prese un giorno di vacanza. Ebbene, commise un errore imperdonabile: uno degli abitanti, infatti, non si chiamava Williams ma Jones.

Ora, però, torniamo a Bacone. Lui amava l'induzione, odiava la deduzione, e con essa il sillogismo. Disprezzava anche la matematica ritenendola poco sperimentale.

Per lui la logica aristotelica non valeva un fico secco: era troppo deduttiva. Dire: «Se esiste il mondo, deve esistere anche qualcuno che lo ha creato» è un ragionamento che può essere accettato solo da un ignorante.

I pericoli per Bacone erano gli *idola*. Lui ne catalogò quattro tipi:

– Gli *idola tribus,* che ci vengono inculcati dalla nostra natura umana, ovvero dal nostro inconscio.

– Gli *idola specus,* conseguenti al fatto che, a detta di Platone, noi non vediamo le Idee ma solo le ombre delle Idee. Abbiamo quindi un'idea distorta della realtà che ci circonda.

– Gli *idola fori,* collegati ai pregiudizi sociali e a tutto quello che pensa la maggioranza.

– Gli *idola theatri,* provenienti dalle false filosofie e dagli autori fasulli.

Il metodo baconiano era composto da due parti: la *pars destruens* che consisteva nel liberarsi dagli *idola,* e la *pars construens* che c'invitava a studiare la scienza.

A essere sinceri, non si può essere d'accordo in tutto e per tutto con Bacone. Se non esistesse la deduzione, buona parte della scienza che abbiamo studiato a scuola andrebbe a farsi benedire. Lui, tanto per dirne una, malgrado amasse la scienza, ce l'aveva con Copernico e con Keplero che avevano dedotto la composizione dell'universo proprio grazie all'osservazione quotidiana del cielo stellato.

Famosa la sua metafora sulle formiche, i ragni e le api. Gli uomini empirici, dice Bacone, sono come le formiche, raccolgono tutto quello che trovano in giro per poterlo adoperare. I razionali, invece, sono come i ragni che tirano fuori dal proprio corpo i fili per tessere la tela. I migliori infine (cioè lui stesso) sono come le api che trasformano il nettare dei fiori in cera e in miele. Bacone, insomma, non era quello che si dice una persona modesta.

Pubblicò nell'ordine i *Saggi,* un libro *Sulla dignità e il sapere umano e divino,* il *Cogitata et visa,* il *De sapientia veterum,* il *Novum organum,* una *Historia naturalis* e, postumi, il *Silva silvarum* e la *Nuova Atlantide.*

A proposito di Francesco Bacone,

mi è tornata in mente una vecchia supposizione. Qualcuno, un giorno, ha messo in giro la voce secondo la quale Bacone in realtà era stato Shakespeare. L'epoca è la stessa: fine Cinquecento, inizio Seicento. Le qualità, invece, giocano tutte a favore di Bacone. Chi era Shakespeare? Un attorucolo e basta? Al che ci si chiede: poteva un attorucolo scrivere trentasette drammi tra cui Romeo e Giulietta, *l'*Otello *e l'*Amleto*? La sola battuta* «Essere o non essere» *presuppone l'esistenza di un filosofo. E allora vuoi vedere che è stato Bacone a scriverla? Così la pensano alcuni e perfino Umberto Eco ci ha scritto sopra un racconto dal titolo* Shakespeare era per caso Shakespeare? *A leggerlo, però, ci si rende subito conto che nemmeno lui ci crede.*

XXV
Tommaso Campanella

Chi nasce nel profondo Sud, come Telesio e Campanella, non può non sentirsi influenzato dalla natura che lo circonda. Sia Campanella che Telesio, infatti, credettero nel *sensismo* e nel fatto che la Calabria avesse un'anima tutta sua, diversa da quella delle altre regioni. Un paragone con l'anima della Padania, tanto per dirne una, non è possibile. Viveteci un anno, nell'una e nell'altra regione, e ve ne accorgerete. A parte questo, la metafisica di Campanella è ancora più metafisica di quella di Telesio, sempre ammesso che ci si possa esprimere così.

Campanella (1568 - 1639) nacque a Stilo, sulla costa ionica della Calabria. All'inizio si chiamava Giandomenico, poi in onore di san Tommaso decise di cambiarsi nome e di farsi chiamare Tommaso. A scuola, invece, gli amici lo chiamavano Settimontano per via di sette callosità che aveva sulla fronte. A quattordici anni entrò in un convento di domenicani. Poi, una volta uscitone, si mise a fare il mago e l'astrologo, e come da copione venne accusato di eresia. A peggiorare la situazione, infine, prese le difese di Galilei in un saggio intitolato *Apologia di Galileo*.

Due furono le sventure che gli resero difficile la vita: le congiure politiche e i processi per eresia. Cominciamo

Tommaso Campanella (1568 - 1639)

dalle congiure: Campanella non poteva sopportare gli spagnoli. Per contrastarli ordì tutta una serie di complotti. Reclutò gente di ogni risma: banditi, assassini, monaci dissoluti e depravati. Tutti gli andavano bene, purché odiassero il viceré spagnolo come lo odiava lui. Tra gli altri convocò anche dei turchi. Questi vennero con una flotta di trenta galere e si ancorarono al largo delle coste di Stilo. Non scesero mai a terra. Si fecero solo vedere. Quel tanto, insomma, per incutere un minimo di terrore.

L'altro problema furono i quattro processi per eresia. Tra Napoli, Roma, Firenze e Padova, si fece la bellezza di ventisette anni di carcere con piccoli intervalli. Durante le udienze fu accusato di tutto, di aver detto che Dio non c'era, che la Trinità era un'invenzione, che Gesù non era figlio di Dio e che la Madonna non era vergine. Poi, per completare il quadro, lo accusarono anche di sodomia e di *panteismo pampsichistico*. Evitò la condanna a morte solo perché fu capace di fingersi pazzo. Pare che perfino sotto tortura riuscisse a ridere, e tanto bastò per convincere i suoi aguzzini a lasciarlo andare.

Una volta libero, se ne scappò a Parigi e si mise sotto la protezione di Luigi XIII che, oltre a salvargli la vita, gli assegnò anche una congrua pensione.

Gli incontri che più di tutti influenzarono il suo pensiero furono quelli con Telesio e con un rabbino astrologo. Tra il *sensismo* telesiano e l'*occultismo* ebraico nacque la sua filosofia. A parte questo, era anche un poeta. Scrisse decine e decine di madrigali. Eccone uno dove dichiara il suo amore per la lettura:

Sto dentro un pugno di cervello
e divoro quanti libri posso.
Quanti e quanti ne ho mangiato
e pur sempre di digiuno moro.

In realtà, tra i libri e la Natura, lui optò per la Natura. Lo dice senza mezzi termini nel suo saggio *Sul senso delle cose*:

Imparo più da una formica o da un filo d'erba che non da tutti i libri scritti dal principio dei secoli a oggi. Filosofare, per me, vuol dire leggere un libro scritto da Dio.

Per Campanella tutte le cose hanno un'anima e parlano tra loro. «*Vi sono piante i cui frutti diventano uccelli e vi sono uccelli che parlano con le stelle.*» In molti casi, infine, il sapere s'identifica con il sapore e quindi con la conoscenza fisica. «*Dalli sapori che il gusto sape.*» Dopodiché ci spiega l'Essere e i suoi tre livelli: «*Chi può è, chi è sa, e chi sa ama*». A questo punto non so se sia più giusto definirlo un filosofo o un poeta.

Tra le sue opere migliori ricordiamo *La Città del Sole*, la *Philosophia sensibus demonstrata*, e il *De sensu rerum et magia*, i *Discorsi ai Principi d'Italia* e la *Metafisica*, il tutto scritto sempre in carcere.

La Città del Sole sorge su un colle ed è formata da sette gironi sovrapposti, a loro volta dominati dai sette pianeti. Sulla cima del colle si erge un tempio rotondo con una cupola retta da colonne e con un foro in cima che permette alla luce di illuminare un altare. Il Sacerdote capo è il Sole. I principi che gli stanno intorno si chiamano Pon, Sin e Mor, e rappresentano rispettivamente il Potere, il Sapere e l'Amore, ovvero i tre requisiti dell'Essere. Nella Città del Sole tutti i beni sono comuni come nella Repubblica di Platone.

Rappresentazione grafica della Città del Sole di Tommaso Campanella.

A proposito di Tommaso Campanella,

ho saputo che una volta ha perfino scritto una poesia erotica. A dirmelo è stato lo storico Lucio Villari.

«Non ci credo» gli ho detto.

«Eppure è vero» ha ribadito lui. «Se ne vuoi sapere di più, procurati l'antologia intitolata Otto secoli di poesie italiane, da San Francesco a Pasolini. *Vi è riportato un sonetto di Campanella.»*

Preso il libro, letta la poesia, non ci ho capito assolutamente nulla. Eccola qui di seguito, trascritta parola per parola:

La faccia di madonna, che di Dio
sola può dirsi imagin vera in terra,
e la man, providenza che non erra,
bagnate in atto a me cortese e pio,

tolsi l'acqua, applicaila al corpo mio,
già fracassato dopo lunga guerra
per gran tormento ch'ogni forte atterra,
del medesimo liquor bevendo anch'io.

Miraculo d'amor stupendo e raro!
Cessò la doglia, io diventai più forte,
le piaghe e le rotture si saldaro.

Sentendo in me le sue bellezze assorte,
le viscere, gioiendo, trapassaro
in lei, mia dolce vita, dalla morte.

Poi, grazie a Lucio Villari, sono riuscito, se non proprio a capire, almeno a intuire.

Pare che un giorno il nostro filosofo, tornato a casa dopo una lunga guerra, abbia trovato la sua donna che si stava facendo il bagno. Malgrado sia stanco e fracassato, *aspetta che la signora esca dalla vasca per poi immergersi anche lui. Così facendo, grazie alla stessa acqua, crea un contatto indiretto tra il suo corpo e quello della donna amata. E non basta: si beve* il medesimo liquor, *cioè l'acqua in cui era immerso.*

Ebbene, a quel punto accade un miraculo d'amor stupendo e raro: cessò la doglia, *e* le piaghe e le rotture si saldaro. *Alla fine, pensando alle* bellezze assorte *che aveva appena visto, la sua* man, providenza che non erra, *fece il resto, ovvero cominciò a toccarsi.*

Villari non è d'accordo su quest'ultimo particolare, ma se così non fosse, perché le sue viscere gioirono?

Galileo Galilei (1564 - 1642)

XXVI

Galileo Galilei

Chi nella vita non ha mai avuto l'hobby del cannocchiale? Io lo contrassi in modo maniacale verso la fine degli anni Quaranta. Avevo diciotto anni e volevo vedere più da vicino la stella Sirio. Purtroppo, però, all'epoca non avevo i soldi nemmeno per comprarmi un binocolo. Oggi, invece, che ho i soldi, le luci della città non mi consentono di vedere un bel niente. Ed è così che va la vita: quando si può non ci sono i soldi, e quando arrivano i soldi non si può. E questo vale non solo per il cannocchiale ma anche per tutte le cose belle di questo mondo.

L'inventore del cannocchiale fu Galileo Galilei (non è vero ma mi piace dirlo). L'inventore vero, in realtà, fu un certo Zacharias Janssen, un ottico ebreo residente a Middelburg, in Olanda. Certo è che quando Galilei seppe che «*un fiammingo aveva inventato un occhiale grazie al quale gli oggetti lontani sembravano vicini*» si mise subito al lavoro per costruirne uno per uso personale. È lui stesso che ce lo racconta nel *Sidereus nuncius* del 1610: «*Presi un tubo di piombo lungo più di un metro e misi alle sue estremità due lenti, una concava e l'altra convessa, ma ambedue piane dalla parte interna. Accostai poi l'occhio a quella concava e vidi gli oggetti ingrandirsi più di sessanta volte*». Insomma, non fu lo scopritore del cannocchiale ma il riscopritore. A consacrare il tutto, infine, provvide l'Accademia dei Lincei che dette allo strumento il nome di telescopio, un nome che in greco vuol dire «lungimirante».

Galileo Galilei (1564 - 1642) nacque a Pisa da Vincenzo Galilei, musicista, e da Giulia Ammannati, casalinga. I suoi avrebbero voluto che facesse il medico, ma lui era troppo appassionato di algebra e di geometria per dedicarsi ai malati. Fece una difficilissima tesi sulle equazioni di terzo grado e scrisse in latino un saggio sui *Centri di gravità dei solidi.* L'anno dopo pubblicò la *Bilancetta,* una specie di omaggio al grande Archimede. Attenzione, però, a non vederlo solo come un fissato per la matematica e la fisica. Si dedicò, infatti, agli studi umanistici e tenne numerose lezioni all'Accademia fiorentina sulla *Gerusalemme liberata* del Tasso e sull'*Inferno* di Dante. In un certo qual modo, seguì il percorso fatto a suo tempo da Leonardo da Vinci. Scrisse un saggio sull'*Architettura militare,* un *Trattato sulle fortificazioni,* un *Trattato sulla sfera* e uno sulle *Meccaniche.*

L'uso quotidiano del telescopio gli permise di verificare la fondatezza delle tesi di Copernico e a tale proposito scrisse quattro lettere, le cosiddette *Lettere copernicane,* una delle quali diretta al collega Keplero. Il suo saggio più importante, però, fu il *Dialogo sui massimi sistemi* (1632). Nel testo fa parlare tre personaggi: Simplicio, Salviati e Sagredo. Il primo difende la tesi di Tolomeo, il secondo quella di Copernico e il terzo rappresenta il pubblico che è desideroso di sapere.

Purtroppo, però, il *Dialogo* venne letto anche dalle autorità ecclesiastiche e qui cominciarono i guai. Durante il Medioevo la Chiesa aveva visto con sospetto gli occhiali, immaginiamoci i cannocchiali. «Nostro Signore» dicevano i preti «ci ha già dato gli occhi per vedere tutto quello che c'è di indispensabile. Il resto lo dobbiamo vedere con gli occhi della Fede.»

Grazie al suo telescopio, invece, Galilei vide centinaia di stelle non visibili a occhio nudo, scoprì che la Luna non era piatta e liscia come si era sempre creduto, che le nebulose non erano nubi ma agglomerati di miriadi di stelle, e che Giove aveva quattro satelliti. A questi ultimi lui dette il nome di *Stelle Medicee* in onore di Cosimo II de' Medici. Se la prese, infine, con Lutero che aveva definito Copernico «un astronomo da quattro soldi» solo perché nelle Sacre Scritture Giosuè aveva ordinato al Sole, e non alla Terra, di fermarsi.

«*L'astronomia e la Fede*» precisò Galilei «*non sono in opposizione: l'importante è che non escano dal loro ambito. Scopo della Fede è quello di salvare le anime, scopo dell'astronomia quello di studiare l'Universo. Si può credere in Dio e nello stesso tempo essere convinti che la Terra giri intorno al Sole.*»

Nel 1615 venne processato e condannato al carcere a vita. Solo grazie all'amicizia di papa Urbano VIII (Maffeo Barberini) riuscì a farsi commutare la pena negli arresti domiciliari da scontare in casa dell'arcivescovo Piccolomini, sempre a patto, però, che nel frattempo non scrivesse più nulla sui movimenti terrestri, né pronunziasse mai più in pubblico la parola Universo. Suo avversario fu il solito cardinale Bellarmino, lo stesso che aveva perseguitato fino alla fine Giordano Bruno e altri pensatori.

Si sposò ed ebbe tre figli: Virginia, Livia e Vincenzo.

La prima si fece suora sotto il nome di Maria Celeste e morì giovanissima. Per Galilei fu il dolore più grande della vita. Tra padre e figlia, infatti, c'era stata una continua corrispondenza, anche nei momenti difficili, quelli dei processi: lui le voleva un bene dell'anima e lei lo adorava.

Negli ultimi anni Galilei perse la vista e riuscì a muoversi solo grazie all'aiuto dei suoi discepoli, Evangelista Torricelli e Vincenzo Viviani. Quest'ultimo poi, quando il maestro morì, scrisse: «*Dio lo ha chiamato per fargli ammirare da vicino tutte quelle meraviglie che con tanta avidità aveva cercato di vedere nel corso della vita*».

Otto anni prima era stato costretto a pronunziare ad alta voce la sua abiura. Eccola qui di seguito trascritta parola per parola:

Io Galileo, figlio di Vincenzo Galilei di Fiorenza, dell'età di settanta anni, costituito personalmente in giudizio, e inginocchiato innanzi a Voi Reverendissimi Padri ed Eccellentissimi Cardinali, avendo innanzi agli occhi li sacrosanti Vangeli, che ora tocco con le mani, giuro di aver sempre creduto quanto insegna la Santissima e Apostolica Chiesa. Maledico e detesto i miei errori e giuro che per l'avvenire mai più asserirò, né per voce né per iscritto, dette eresie.

Dopodiché, riferendosi alla Terra, mormorò, a voce bassissima, la frase: «*Eppur si muove*».

A proposito di Galileo Galilei,

mi ha sempre affascinato la sua teoria sulla caduta dei gravi. Ai tempi degli antichi greci si pensava che un corpo cadesse più o meno in fretta a seconda del suo peso. Più è pesante, diceva Aristotele, e meno tempo impiega a cadere. Galilei, invece, sostenne una tesi del tutto contraria: il tempo di caduta era sempre lo stesso, cambiava solo al variare dell'ambiente in cui il solido cadeva. Quindi, nell'acqua avrebbe impiegato un certo tempo, nell'aria un tempo inferiore e nel vuoto un tempo ancora più piccolo. Se a noi sembra che una pietra cada più in fretta di una piuma è solo perché la piuma incontra una resistenza maggiore. Se le facessimo cadere, però, tutte e due nel vuoto, impiegherebbero esattamente lo stesso tempo.

*All'inizio la sua fu solo un'intuizione. Lui, però, era uno che se non sperimentava le cose non si divertiva. Quindi cominciò a fare delle prove. Ma come sperimentare una caduta nel vuoto? Il vuoto non è che lo si realizzi tanto facilmente. E allora pensò che un piano inclinato lo avrebbe potuto aiutare. Rallentare, infatti, la caduta di un solido gli avrebbe consentito di misurare meglio il problema. Si costruì a casa con una tavoletta un piano inclinato, e fece rotolare, l'una dopo l'altra, alcune palle di bronzo di forma uguale ma di peso diverso. I tempi, poi, li calcolò con un orologio ad acqua sempre di sua invenzione. Durante la caduta delle palle fece sgocciolare un vaso pieno di acqua, e misurò quanta acqua si era accumulata in un bicchiere sottostante. Sull'argomento scrisse anche qualcosa:**

In un regolo di legno, lungo dodici braccia e largo tre dita, dopo averlo pulito e levigato, faccio scendere una palla di bronzo ben arrotondata, per poi misurare il tempo impiegato a percorrerlo tutto.

* Cfr. *Discorsi*, pp. 215-219.

E più avanti:

Quanto poi alla misura del tempo, ho posto una grande secchia d'acqua attaccata in alto, dalla quale per un sottil cannellino, saldato sul fondo, scorre un filo di acqua che si va a versare in piccolissimo bicchiere. Tali operazioni molte e molte volte ho replicato, e mai, dico mai, differirono di un solo istante.

E così, provando e riprovando, riuscì a stabilire che la velocità di caduta di un solido non dipendeva dal peso della palla, ma dal seno dell'angolo del piano inclinato.

Ebbene, io Galileo me lo immagino così: in vestaglia, davanti a una tavoletta di legno, con in mano una palla di bronzo, e con un righello per misurare il livello dell'acqua nel bicchiere.

Indice dei nomi

«Storia della filosofia moderna»
di Luciano De Crescenzo
Collezione I libri di Luciano De Crescenzo

Arnoldo Mondadori Editore

Finito di stampare nel mese di maggio 2003
presso Mondadori Printing S.p.A.
Stabilimento NSM di Cles (TN)

Stampato in Italia - Printed in Italy